Sachen gibt's!

Astrid Haltmeyer

Sachen gibt's!

Wie man auf Alltagssituationen
auch anders reagieren kann

Bibliografische Information der Deutschen Nationalbibliothek:
Die Deutsche Nationalbibliothek verzeichnet diese Publikation
in der Deutschen Nationalbibliografie; detaillierte bibliografische
Daten sind im Internet über http://dnb.dnb.de abrufbar.

© 2014 Astrid Haltmeyer
Satz, Herstellung und Verlag:
BoD – Books on Demand

ISBN: 978-3-7386-6395-2

DANKSAGUNG

Ich möchte all jenen danken, die mitgeholfen haben, dass dieses Buch entstehen konnte.

Allen voran natürlich den Protagonisten, die die Grundlage für meine AHA-Erlebnisse geliefert haben und deren Geschichten sich in diesem Buch finden.

Ein großes „Danke" geht an meinen Lebensgefährten Roman, der immer an mich glaubt und schon vor zwei Jahren davon überzeugt war, dass ich in der Lage bin, ein erfolgreiches Buch zu schreiben. Mit seiner Agentur hat er meinem Institut die Erscheinung gegeben, die es heute hat.

Ein ebenso großes „Danke" gilt meiner großen Schwester Andrea, die als Allererste von diesem Projekt wusste. Sie hat mir den Rücken gestärkt und als erste Testleserin essentielles und wertvolles Feedback gegeben.

XXL-Dank gebührt auch meinem über alles geliebten Sohn David und meiner herzallerliebsten Tochter Raphaela, ohne die ich mir ein Leben nicht vorstellen könnte. Mit ihrem Ideenreichtum an Verhaltensmöglichkeiten und kreativen Denkmustern haben sie meine Flexibilität immer wieder getestet, sodass sie mein Leben und meine Persönlichkeit massiv positiv geprägt haben.

Zu guter Letzt danke ich jener wundervollen Seminargruppe eines großen Logistikunternehmens, die im September 2014 den endgültigen Anstoß für dieses Buch gegeben hat.

Inhaltsverzeichnis

Vorwort 9
Einleitung. 13

Teil 1   Sachen gibt's! – Szenen aus dem Einzelcoaching . . . 19
         Kapitel 1.1   Hilfe! Ich bin umzingelt! 21
         Kapitel 1.2   Es ist einfach passiert –
                           ich kann nichts dafür!. 29
         Kapitel 1.3   Undank ist der Welt Lohn! 39
         Kapitel 1.4   Wasch mich, aber mach mich nicht nass! . 49
         Kapitel 1.5   Torschlusspanik 59

Teil 2   Sachen gibt's! – Rund ums Seminar. 69
         Kapitel 2.1   Der Tellerrand 71
         Kapitel 2.2   Babylonische Sprachverwirrung 77
         Kapitel 2.3   Kundenservice gefällig? 87
         Kapitel 2.4   Ich sprang nur über Gräbelein und
                           fand kein einzig Blättelein 97
         Kapitel 2.5   Da guckst du!. 107

Teil 3   Sachen gibt's! – Alltagsgeschichten. 115
         Kapitel 3.1   Der Aufzug. 117
         Kapitel 3.2   Schulgeschichten .129
         Kapitel 3.3   Sisyphus lässt grüßen 137
         Kapitel 3.4   Macho, Macho. 149
         Kapitel 3.5   Der Mantel 159

Schlusswort. 179
Literaturverzeichnis 183

Vorwort

Als ich ungefähr 13 war, brachte uns unsere Nachbarin die Illustrierten vorbei, mit denen sie sich immer auf dem Laufenden hielt. Bevor sie diese ins Altpapier warf (gab's das eigentlich schon in den 1970ern?), durften wir sie lesen. Es waren natürlich deutsche Illustrierte, und eine Rubrik in einer ganz bestimmten Zeitschrift faszinierte mich besonders: „Geschichten, die das Leben schreibt." Auf drei Seiten erzählte eine anonyme Person von einer verzwickten Lebensgeschichte, die selbstverständlich in letzter Minute gut ausging. Von der undankbaren, todkranken Schwiegermutter, unter der die erzählende Person jahrzehntelang aufopferungsvoll litt, über dramatische Gewaltszenen in der Ehe bis hin zur wundersamen Schwangerschaft war alles vertreten.

Gefesselt und staunend las ich diese Geschichten und dachte dabei immer: „Was es in Deutschland nicht alles gibt!"

Doch schon ein Jahrzehnt später sollte ich dahinterkommen, dass es solche Dinge nicht nur auch in Österreich gibt, sondern sogar in meinem eigenen Leben (wovon ich nicht so fasziniert war). Wiederum ein Jahrzehnt später sollte ich von meinen Klienten und Seminarteilnehmern lernen, dass diese Storys aus der genannten Illustrierten nur ein sanfter Abklatsch von dem waren, was wirklich in der Welt geschieht.

Und mit der Fähigkeit zur Faszination und dem Staunen einer 13-Jährigen ließ ich mir ihre Geschichten erzählen. Oder ich fand mich selbst in Situationen wieder, die mich fesselten und menschliche Reaktionen hervorriefen, von denen ich im Anschluss nur sagen konnte:

> Sachen gibt's, die gibt's gar nicht.

Auch heute ergeht es mir noch so. Jedes Mal, wenn ich denke, dass ich schon alles gehört und gesehen habe und mich nichts mehr wundern kann, dann findet sich wieder eine erstaunliche Person, die derart Außergewöhnliches erlebt hat, dass es fast so klingt, als wäre ihre Erzählung erfunden. Oder eine Situation tritt ein, die tatsächlich so schräg ist, dass man keinen Plan mehr hat. Solche Geschichten und Situationen kann man sich in diesem Detailgrad einfach nicht ausdenken.

Dass diese Menschen gerade zu MIR kommen, um mir davon zu erzählen und mich um meinen Rat zu fragen, beeindruckt mich am allermeisten. Ja, ich habe viel erlebt. Sehr viel Schönes, aber auch unglaublich viel Schmerzhaftes und Bewegendes. Ja, ich habe eine hohe Fachkenntnis, viele Ausbildungen absolviert und noch mehr Praxis gesammelt. Jedoch kommen diese Menschen in den seltensten Fällen wegen meiner Fachkompetenz, sondern vielmehr wegen des Einfühlungsvermögens, das ich offensichtlich habe, und wegen des menschlichen Rates, den ich zu geben bereit bin. Diese Menschen waren es auch, die mich zu diesem Buch inspiriert haben.

Viele Menschen, die ich im Laufe der Jahre beraten oder in Seminaren trainiert habe, haben mir vertraut und mir ihre Geschichten erzählt. Dadurch wurde mein Leben inspiriert und bereichert. Diese Erfahrungen sollen zusammen mit meinen eigenen Erlebnissen und Einsichten aus unzähligen Seminartagen und Workshops in dieses Buch einfließen. Damit möchte ich auch diejenigen erreichen, die (noch) nicht persönlich mit mir in Kontakt waren bzw. sind und auch gerne etwas für sich mitnehmen wollen.

Ich hatte nicht die Absicht, ein wissenschaftlich fundiertes Buch zu schreiben. Vielmehr möchte ich meine persönlichen Sichtweisen und meine persönlichen Erfahrungen weitergeben. Dieses Buch erhebt daher keinen Anspruch auf Richtigkeit oder Beweisbarkeit und noch weniger auf Vollständigkeit. Niemand muss so handeln, wie ich es manchmal tue, niemand muss so denken, wie ich denke.

Die beschriebenen Situationen basieren allesamt auf wahren Begebenheiten. Die Menschen, von denen ich erzähle, sind also nicht frei erfunden. Ähnlichkeiten mit anderen Personen, z. B. dem Leser oder dessen Verwandten/Bekannten, sind jedoch mit Sicherheit zufällig.

Dieses Buch ist in erster Linie für Laien gedacht und nicht für Trainer- bzw. Lebensberater-KollegInnen[1] oder PsychotherapeutInnen, die es natürlich trotzdem gerne lesen dürfen. Aus diesem Grund habe ich beschlossen, die theoretischen Hintergründe so zu simplifizieren, damit eben Laien mit den Inhalten gut umgehen können und vor allem die Tipps umsetzen können. Jeder meiner Fachkollegen, dem dies zu oberflächlich und

---

1 Im weiteren Verlauf des Buches werde ich, um der besseren Lesbarkeit willen, immer nur die männliche Form verwenden. Selbstverständlich sind im Sinne des Gender Mainstreamings immer beide Geschlechter angesprochen.

ungenau erscheint, darf sich gerne unter der E-Mail-Adresse **info@ichweissesbesser.com** beschweren.

Meine Erfahrungen sollen Denkanstöße sein, mehr nicht. Sie sollen unterhalten und gleichzeitig lehren und dadurch vielleicht den einen oder anderen inspirieren, seinen Zielen näher zu kommen.

Denn mein Motto war immer schon: „Träum´ es nicht – lebe es!"

Einleitung

Herzlich willkommen beim Lesen dieses Buches!

Mein Name ist Astrid Haltmeyer und ich werde Sie bis zur letzten Seite durch dieses Buch „Sachen gibt's" begleiten.

Warum haben Sie sich genau für dieses Buch entschieden? Dafür könnte es mehrere Gründe geben – Sie wissen ja, es gibt drei Haupttypen unter den „Lebenshilfebücher"-Käufern:

1. Der aufgeschlossene, lernwillige Leser:
   Sie wollen freiwillig, auf eine unterhaltsame Art ein paar wertvolle Tipps für Ihr Leben erhalten, weil Sie etwas verändern möchten. Herzliche Gratulation! Menschen wie Sie mag ich besonders, weil ich ihnen gerne auf die Sprünge helfe. Allerdings gehören Sie zu einer vom Aussterben bedrohten Art, denn nur 4 % der Erwachsenen wollen sich freiwillig und auf eigene Kosten weiterbilden oder in ihrem Leben etwas verändern.

2. Der Urlaubsleser:
   Sie suchen kurzweilige Unterhaltung für den Urlaub oder die Zugfahrt, amüsieren sich über die Hoppalas anderer und legen das Buch, wenn Sie fertig sind, gut gelaunt beiseite, ohne das Gefühl zu haben, dass diese Tipps oder Storys Sie selbst betreffen.
   Herzliche Gratulation! Ich mag Menschen wie Sie besonders, weil Sie sich auch einmal eine Auszeit vom Reflektieren gönnen und einfach nur genießen können, jedoch dabei gerne

ein sinnvolles Buch lesen und nicht einen billigen Arztroman oder eine Schmalzschnulze von Rosalinde Pichler. Obwohl – noch kann ich ja nicht wissen, ob mein Buch sich nicht auch in einer dieser Kategorien wiederfindet ...

3. Der Zwangsbeglückte:
   Ihnen wurde das Buch geschenkt. Ein netter Gag des Lieblingsfeindes oder des zukünftigen Expartners, mit der bissigen Bemerkung: „Das solltest du lesen. Ich weiß ja, dass du von solchen Lebenshilfebüchern nichts hältst, aber vielleicht veränderst du dich dann ja endlich!" Und um den ewigen Fragen des Schenkers, wie es Ihnen gefällt und was für Konsequenzen Sie nun daraus ziehen, zu entgehen, lesen Sie halt dieses Buch, damit endlich Ruhe ist. Herzliche Gratulation! Ich mag Menschen wie Sie besonders, denn Sie verfügen über Langmut. Sie hätten das Buch ja auch weiterschenken oder wegwerfen können. Nein, da ackern Sie sich lieber trotzdem durch. Hochachtung! Und deshalb schlage ich mich jetzt auf Ihre Seite und tue alles, damit Ihnen das Buch gefällt, sodass Sie dem, der es Ihnen geschenkt hat, so richtig eines auswischen können.

Und wie komme ich jetzt dazu, gerade Ihnen etwas über die Dinge des Lebens zu erzählen? Wer bin ich eigentlich?

Ich wurde nicht als Trainerin geboren (was mir manche Kollegen, die bereits als solche oder als Psychotherapeuten etc. geboren wurden, immer wieder gerne ankreiden).

Nach einer Kindheit in einem streng katholischen Elternhaus, die ich im Kindesalter als „eh ganz o.k. und normal" und in der

Rückschau als Erwachsene im Vergleich mit Kindheiten anderer Personen als „das kann ja eigentlich alles nicht wahr gewesen sein" erlebt habe, besuchte ich eine – oh Wunder! – katholische Handelsakademie, die ich selbstverständlich pflichtbewusst mit gutem Erfolg bei der Matura beendete. Meine Eltern entschieden dann, dass ich in einer Bank sehr glücklich werden würde, was gleichbedeutend war mit: Meine Mutter würde glücklich werden, wenn ich in einer Bank arbeite. Aber meine Familiengeschichte ist ein eigenes Buch wert, darüber werde ich mich jetzt nicht verbreitern. Ich ging also in die Bank und ab diesem Zeitpunkt war ich in allen Jobs, die ich hatte, immer in der Kundenbetreuung tätig, und das machte mir auch höllischen Spaß.

Noch während ich in der Bank – dank einiger neidvoller Kolleginnen – doch nicht so glücklich war, entschied sich mein über alles geliebter Sohn David 1988, mich als Mutter zu wählen und ausgesprochen spannend – so wie er vieles in seinem Leben gestaltet – am Nationalfeiertag in diese Welt zu inkarnieren, um mir Führungsqualitäten beizubringen. Mein Sohn wird noch öfter in diesem Buch zitiert werden, also merken Sie sich gleich einmal den Namen …

Über verschiedene Umstände, die auch wieder ein eigenes Buch wert sind, gelangte ich 1992 in das Vorzimmer des Verkaufsleiters eines Automobilimporteurs, wo ich fast sieben Jahre lang glücklich und zufrieden war. Mein Chef erkannte mein Talent, mit schwierigen Menschen zu reden, und bot mir einen Job in der Händlerbetreuung bzw. Disposition an. Nach fast sieben Jahren gab es Umstrukturierungen und mein Chef verließ die Firma. Da war ich nicht mehr so glücklich. Um mich wieder zu motivieren, bot mir mein neuer Chef an, ich solle mir ein Kommunikationsseminar aussuchen, weil ich doch so ein Händchen für schwierige Menschen hätte.

Gesagt, getan. Ich suchte mir das teuerste und längste aus – ein 14-tägiger NLP-Kurs. Ich kam dorthin und am dritten Tag war mir klar: DAS ist es! Ich will Trainerin, Coach etc. werden! DAS ist mein neuer Beruf! Noch vom Seminar aus rief ich in der Firma an und kündigte. (Da waren die nicht so ganz glücklich.)

Um die mehrjährige Ausbildung zu finanzieren, war ich dann noch im Key Accounting eines Mobilfunknetzbetreibers tätig und konnte dort schon meine Kenntnisse anwenden.

2001 gründete ich meine Firma Institut AHA Erlebnisse®.

Seit 2001 halte ich also nun Seminare in Firmen, coache Einzelpersonen oder bilde privat Menschen aus.

Im Oktober 2004 trat meine Tochter Raphaela in mein Leben. Effizient, wie ich nun einmal gerne handle, ersparte ich mir jedoch eine unbequeme Schwangerschaft und die ersten 15 mühseligen Jahre. Wie das geht? Technisch gesehen ist sie meine Pflegetochter, die auch noch Einzug in dieses Buch halten wird. Emotional gesehen ist sie tatsächlich meine Tochter und ein Leben ohne sie kann ich mir nicht mehr vorstellen.

Seit 2007 ist das Institut AHA Erlebnisse® ein von der WKO zertifiziertes Ausbildungsinstitut für Lebens- und Sozialberatung. Gemeinsam mit meinem sehr geschätzten Kollegen Wolfgang Wiesmaier führen wir Menschen zu ihrem Traumberuf.

2012 übernahm mein Sohn (Sie wissen schon – der über alles geliebte) den Geschäftsbereich Kindercoaching.

Seit 2013 halten mein Sohn (...) und ich gemeinsam Teambuildingseminare für größere Gruppen.

Mir war und ist es noch immer sehr wichtig, meine eigenen Erfahrungen mit anderen Menschen zu teilen, damit sie nicht die gleichen Fehler machen müssen wie ich – und davon gibt es viele, glauben Sie mir.

So werde ich auch in diesem Buch meine Erfahrungen und Sichtweisen mit Ihnen teilen. Und Sie selbst können entscheiden, ob Sie einiges davon anwenden wollen oder nicht. Am Ende der Lektüre werden Sie auf ein paar Handlungs- und Denkalternativen für bestimmte Situationen zurückgreifen können, aus denen Sie jedes Mal wählen können, ohne es zu müssen.

Sie haben die Wahl.

Jede Minute.

Teil 1   Sachen gibt's! – Szenen aus dem Einzelcoaching

Wie Sie ja wissen, unterliegen wir Lebens- und SozialberaterInnen der Schweigepflicht. Das bedeutet, dass wir nicht namentlich herumposaunen dürfen, wer bei uns in der Beratung war und mit welchem Thema er zu uns kam. Nun müssen wir Lebens- und SozialberaterInnen uns auch hin und wieder etwas von der Seele reden oder einen Fall diskutieren. Das ist sehr wohl erlaubt, wenn man dabei den Klienten anonymisiert.

Ich werde deshalb in allen Fällen, die Sie jetzt lesen werden, die Namen Jane oder John Doe wählen, wie sie in amerikanischen Filmen immer verwendet werden, wenn die Polizei ein namenloses Wesen findet, das sich aus verschiedenen Gründen nicht an seine Identität erinnern kann.

Diese Klientenpersönlichkeiten der diversen John und Jane Does sind teilweise aus mehreren Personen zusammengesetzt. Die Fälle sind trotzdem wahr. Ich betone nochmals, dass Ähnlichkeiten mit lebenden Personen rein zufällig sind.

Kapitel 1.1 Hilfe! Ich bin umzingelt!

Ich erhalte einen Anruf und melde mich professionell. „Sie sind mir empfohlen worden!", brüllt jemand im breitesten wienerischen Slang in die Leitung. Schön! Und weiter? Der Anrufer bleibt bei einem höchst aggressiven Ton: „Ich halte das nämlich nicht mehr aus. Nur blöde Leute auf dieser Welt! Das ist ein Wahnsinn. Dafür muss es doch eine Erklärung geben!" Äh … „Mir ist gesagt worden, Sie können mir da helfen." Das kann ich mir im Augenblick grade nicht vorstellen, aber o.k. Ich vereinbare ein Erstgespräch mit ihm, weil mich die Sache interessiert und weil ich wissen will, ob John Doe den Termin wahrnehmen wird oder ob seine Wut nach dem Anruf schon beseitigt ist.

John Doe kommt tatsächlich! Er setzt sich ins Coachingzimmer und fängt sofort an zu schimpfen. Die Parkplatzsituation vor meiner Praxis sei katastrophal, aber noch schlimmer sei der Verkehr, lauter Wahnsinnige, die nicht Auto fahren könnten. Und überhaupt, wieso müsse meine Praxis in einem so entlegenen Bezirk sein! Er sei jetzt 45 Minuten hergefahren, das zahle ihm doch keiner!

Außer für „Guten Tag", lässt er mir keine Gelegenheit, etwas zu sagen. Als er einen Schluck Wasser nimmt, habe ich endlich die Möglichkeit, zu fragen, warum er hier ist.

Er bellt mich an: „Das müssten Sie eigentlich nach dem Telefongespräch wissen!" Ich sage ihm, dass ich mich eigentlich nur mehr an „Die Welt ist blöd" usw. erinnern kann. Ein paar

Details mehr könnten nicht schaden, sonst müsste ich Uri Geller heranziehen.

Herr Doe tut mir den Gefallen und rückt mit Details heraus: Er besitze eine Kfz-Werkstätte, die ganz gut laufen würde, wenn da nicht die bescheuerten Kunden und seine noch bescheuerteren Angestellten wären. Die Kunden seien bescheuert, weil sie keine Ahnung von Tuten und Blasen hätten. (Warum auch? Sonst könnten sie sich das Auto ja selber reparieren.) Und seine Angestellten seien ebenfalls bescheuert, weil die auch keine Ahnung hätten. Also müsse er alles selber machen.

Aha. Daher weht also der Wind. Ich werfe nur kurz ein: „Und jetzt sitzen Sie bei einer bescheuerten Beraterin, der Sie erst erklären müssen, was Sache ist." Kurze Stille. Offenbar habe ich einen Punkt getroffen, denn er wird ganz plötzlich viel ruhiger und freundlicher. „Ganz genau", sagt er, „Sie haben das Problem erfasst." Ich bin nicht ganz sicher, ob ich das als Kompliment auffassen soll. „Rundherum nur Idioten!", fängt er wieder an zu tönen. Er schimpft über die Kunden, die nicht bezahlen bzw. zu früh, zu spät oder zu wenig bezahlen, dann über die Angestellten, die kaum wissen, wo hinten und vorne ist bei einem Auto, sowie über die Macken der Exfrau. (Klar, Exfrau! Wenn der Typ daheim auch so tickt, kann man nur das Weite suchen.) Aber immerhin: Er ist ja jetzt da. Hut ab – und das meine ich wirklich so. Offenbar sieht er, dass etwas mit ihm nicht stimmt. Hochachtung kriecht in mir herauf. „Stellen Sie sich vor! Keiner schaut mehr auf den anderen!" Ah, denke ich mir, jetzt kommt's! Er wünscht sich also mehr Respekt und Aufmerksamkeit zwischen den Menschen! Wie schön! „Wie meinen Sie das genau?", frage ich, um in diese Richtung zu lenken. „Ganz einfach", sagt er, „meine Leute sind so egoistisch und gedankenlos, dass sie nicht einmal daran denken, die leere Klopapierrolle zu tauschen. Selbst da muss ich ihnen noch hinterherarbeiten." Sofort werden weitere Attacken gegen seine Mitarbeiter geritten: Die Angestellten sind frech zu ihm, schimpfen die ganze Zeit über Gott und die Welt. (Na geh!) Und er ist jetzt schon so fix und fertig, dass sein Freund gesagt hat, er soll zu mir kommen und mit mir darüber reden. Ah, endlich!

Ich frage also: „Und wie kann ich Ihnen jetzt behilflich sein?"

Wie aus der Pistole geschossen kommt: „Sie sollen einfach machen, dass die anderen so funktionieren, wie ich mir das vorstelle! Das sind ja schließlich lauter Idioten, die mich hinten und vorne ausnehmen und auch sonst nur Geld kosten. Arbeiten tu eh nur ich. Diese Faulenzer!"

Ich höre noch ein Weilchen zu, dann entkommt mir der Satz: „Wer hat diese Idioten eigentlich eingestellt?"

Verdutztes Schauen bei John. „Na ich!", sagt er verwundert. Darauf muss ich einfach sagen: „Wieso stellen Sie in dem Unternehmen, das Sie selbst aufgebaut haben, nur Idioten ein?"

Die Frage bleibt unbeantwortet. Ich sage: „Könnte es sein, dass es etwas mit Ihrer Einstellung zu sich und der Welt zu tun hat?"

Ein Sturm der Entrüstung entlädt sich auf mir. „Was ist das für eine idiotische Frage? Wie kommen Sie darauf? Können Sie jetzt etwas machen mit meinen Leuten oder nicht?" Das muss ich leider verneinen.

Er springt auf und schreit: „Ich hab ja gleich gewusst, dass so eine Sch...-Beratung nichts bringt. Jetzt habe ich meine Zeit sinnlos verplempert. War ja klar! Was kann man denn schon von solchen Leuten wie Ihnen erwarten?" Sagt's und rennt aus der Praxis.

Zurück bleibe ich mit offenem Mund. Eine sensationelle Vorstellung von diesem Mann. Ich kann nur staunen.

Was muss in diesem Menschen vorgehen, um ständig so drauf zu sein? Wie schlimm muss es sein, sich dauernd zu ärgern, weil man der Meinung ist, dass sich die ganze Welt gegen einen verschworen hat? Aber gut, wenn man nichts mit ihm zu tun hat, kann es einem eigentlich herzlich egal sein, wie er drauf ist. Man kann ihm ja aus dem Weg gehen. Doch hin und wieder kommt es vor, dass man im Alltag mit solchen Fällen konfrontiert wird, sei es im Büro oder womöglich im Privatleben, weil der Mann einer Freundin so gestrickt ist (natürlich gibt es auch Frauen mit diesem Verhalten). Wie geht man dann damit um? Gut, zugegeben, unser Beispiel ist schon sehr extrem, die abgeschwächte Version gibt es dafür sehr häufig.

Man könnte jetzt eine der drei Universalerklärungen strapazieren:

1. Er hatte eben eine schreckliche Kindheit.
2. Die Mutter/der Vater ist schuld, weil sie/er nie da war oder zu oft da war, sich zu viel oder zu wenig gekümmert hat, zu streng oder zu wenig streng war.
3. Er ist eben so.

Hilft uns das im Umgang mit solchen Menschen? Eher nicht.

Was ist also jetzt los mit diesem Typen und was können wir tun, um noch ein produktives Gespräch mit ihm zustande zu bringen?

Hierzu lässt sich das Prinzip des Dramadreiecks aus der Transaktionsanalyse heranziehen, dessen Muster Stephen Karpman als Erster analysiert hat. Eine Weiterentwicklung dieses Modells, welche recht plausibel ist, findet man bei Roman Braun:

In der Welt des Dramas gibt es drei Rollen, die wir als „Täter" (bei Karpman „Verfolger"), „Opfer" und „Retter" bezeichnen. Der Täter wirkt in einer solchen Situation als Aggressor. Sein Selbstwertgefühl ist jedoch so winzig, dass er sich nicht einmal traut, sein Bedürfnis, das er zweifellos hat, klar und deutlich zu formulieren, denn er hat Angst, abgewiesen zu werden. Um vor sich selbst und anderen größer zu wirken, plustert er sich auf, indem er so tut, als seien seine Argumente Tatsachen. Dies unterstreicht er durch Sätze wie „Das ist ein Blödsinn!", „Du bist schuld!", „Sie sind eine Zumutung!".

Seine Haltung in diesen Situationen lässt sich am besten mit „Ich bin o.k. – du bist nicht o.k.!" beschreiben. Seine eigenen Erfahrungen und Erlebnisse sowie Vorbilder mit ähnlichem Verhalten haben diese Einstellung bei ihm reifen lassen. Und nun, wo sie gereift ist, wird sie auch immer wieder bestätigt, denn da er nicht konkret sagen kann, was er in Wahrheit möchte, verstehen die angesprochenen Personen natürlich auch nicht, was er tatsächlich will, und kennen sich nicht aus. Entweder verziehen sie sich dann mit dem Gedanken: „Der spinnt schon wieder", oder sie schalten auf Durchzug. Auf jeden Fall erfüllen sie seinen Wunsch nicht. Wie auch? Sie können ja nicht hellsehen. Und damit bestätigen sie dem Täter aus seiner Sicht, dass die Menschheit offenbar vollkommen verblödet ist. Dies wiederum führt dazu, dass er seine Mitmenschen noch lauter anschreit und noch mehr beschimpft, was – wie Sie sicherlich schon erraten – natürlich nicht hilft und im Endeffekt nur wieder dazu führt, dass die Leute einen großen Bogen um ihn machen.

Der Täter verweigert sich Gefühle, da er annimmt, das würde ihn noch schwächer machen. Damit verliert er aber das Einfühlungsvermögen und die Fähigkeit, seine Reaktionen zu dosieren. Manche dieser Reaktionen können dann wirklich sehr irrational sein. Der Zugang zu seinen Gefühlen ist wie abgeschnürt.

Was können Sie also tun, wenn Sie einem Täter begegnen?

Erster Schritt:
Nehmen Sie es nicht persönlich, egal mit welchen Schimpfwörtern er Sie gerade bedenkt oder was er Ihnen alles vorwirft, woran Sie gerade schuld sein sollen.

Zweiter Schritt:
Erkennen Sie, dass der Täter gerade ein Thema hat und nicht Sie selbst, auch wenn der Täter versuchen wird, Ihnen das weiszumachen.

Dritter Schritt:
Weisen Sie den Täter darauf hin, dass Sie erwachsen sind und eine altersadäquate Kommunikation mit einem respektvollen Umgangston wünschen. Sagen Sie, dass Sie ansonsten die Unterhaltung abbrechen werden. Kriegt er sich dann immer

noch nicht ein, müssen Sie diese Warnung jedoch wahrmachen. (Kleiner Haken! Sorry …)

Vierter Schritt:
Erinnern Sie sich daran, dass der Täter ein Bedürfnis hat, das er sich nicht zu sagen traut. Da Sie nicht hellsehen können (behaupte ich jetzt mal ganz salopp), bleibt Ihnen nur der Weg des Ratens. Eine halbwegs passable Frage dazu wäre: „Worum geht es Ihnen gerade? Geht es um XY?" Schlagen Sie etwas vor, was zur Situation passen könnte, jedoch ohne den Anspruch zu haben, dass Sie ins Schwarze treffen. Natürlich könnte man auch einfach fragen, was der Täter jetzt eigentlich von einem will. Ich habe jedoch die Erfahrung gemacht, dass man, wie im Fallbeispiel, zumeist keine umsetzbare Antwort bekommt.

Fünfter Schritt:
Falls all dies nicht zu einem halbwegs konstruktiven Gespräch führt, liegt es nicht an Ihnen. Wenn jemand ein Drama machen will, dann macht er eines. Selbst wenn Sie Gandhi wären, könnten Sie nichts dagegen tun. Sie haben nur den Trost: Sie können von diesem Menschen weggehen. Er jedoch geht mit sich nach Hause und hat sich selbst 24 Stunden am Tag.

Kapitel 1.2 Es ist einfach passiert – ich kann nichts dafür!

Der nächste John Doe ist ein gut aussehender, gut gekleideter und gebildeter Mann Anfang 40. Sein Leben könnte man als Erfolgsstory bezeichnen. Geboren mit dem sprichwörtlichen silbernen Löffel im Mund, wuchs er wohlbehütet in einem katholischen, jedoch aufgeschlossenen Elternhaus auf, das sehr viel Wert auf Etikette und Leistung legte. Alle Entscheidungen wurden ihm seit jeher liebevoll abgenommen. Daher rührt auch seine Entscheidungsschwäche.

Nach Beendigung des Studiums wurde ihm, dank Papis Beziehungen, ein überdurchschnittlich gut bezahlter Job direkt ins Haus geliefert. Alles in seinem Leben lief easy und reibungslos. Auf einer Businessveranstaltung lernte er seine Frau kennen, die sich ihr Studium selbst finanziert hatte und auch eine aussichtsreiche Karriere vor sich hatte, aber aus nicht so guten Verhältnissen stammte.

Vielleicht ist dies der Grund dafür, warum Frau Doe mehr Biss bei der Verfolgung ihrer Karriereziele zeigte und einen phänomenalen Aufstieg in einem Konzern hinlegte, der sie bis knapp vor die Vorstandsetage brachte. Nebenbei schmiss sie noch den Haushalt und putzige, wohlerzogene Zwillinge.

Als Herr Doe bei mir erscheint, sind die Kinder schon aus dem Gröbsten raus. Nach fast 20 Jahren Ehe und einer eigenen schleppenden Karriere überfällt ihn eine Midlife-Crisis. Seine Frau ist aufgrund ihres hohen Postens häufig unterwegs. Herr

Doe kommt sich einsam und verlassen vor, unverstanden von seiner Firma und seiner Frau. Sein Job füllt ihn nicht mehr aus und ihm ist häufig langweilig, wofür er seine Frau und die Welt insgeheim verantwortlich macht.

Er erzählt seiner Frau jedoch nichts von seinen Befindlichkeiten. Sie merkt zwar, dass da irgendetwas nicht stimmt, auf ihre Fragen bekommt sie jedoch keine Antwort. Irgendwann schlägt sie ihm vor, sich doch ein Hobby zu suchen bzw. einen Coach aufzusuchen.

Er kommt also ein paar Mal zu mir, um über seine innere Leere zu sprechen, über seine Unzufriedenheit und das Gefühl, nichts geschaffen zu haben, was bleibend sei (die Kinder zählen da offenbar nicht). Es macht ihm sichtlich Spaß, sich bei mir auszuweinen, er findet auch meine Ratschläge ganz toll! Allerdings wird keiner davon jemals umgesetzt.

Dann höre ich monatelang nichts von ihm. Bis eines Tages das Telefon klingelt ...

„Frau Haltmeyer, ich bräuchte dringend einen Termin! Meine Ehe ist in der Krise und ich weiß nicht, wieso und was ich tun soll." Herr Doe klingt sehr gestresst und spricht mit wackeliger Stimme. Ich gebe ihm einen Termin und bin gespannt, was passiert ist.

Genau das frage ich Herrn Doe, als er sich zum Termin einfindet. Er sitzt völlig geknickt und fahl im Gesicht da, ein Häufchen Elend. „Meine Ehe ist zu Ende." Punkt. Darf's ein bisserl mehr sein? Ich stelle die unvermeidliche Frage: „Was lässt Sie darauf schließen, dass Ihre Ehe zu Ende ist?" „Ich habe eine Affäre", sagt Herr Doe. Gut, das ist ein schlagendes Argument. „Und", sagt er, „meine Frau weiß es." Na großartig. „Woher wissen Sie, dass Ihre Frau es weiß?", frage ich naiv. „Weil ich es ihr gesagt habe! Ich hatte doch so ein schlechtes Gewissen, da musste ich es ihr sagen", meint er in weinerlichem Ton. Na spitze! Ich frage: „Und haben Sie die Affäre dann aufgrund Ihres schlechten Gewissens beendet?" Er schaut mich verdutzt an. „Nein! Das mache ich auf gar keinen Fall! Schließlich möchte ich mit dieser Frau ja zusammenleben!" Häh? Wie jetzt? „Sie wollen sich also scheiden lassen und mit der neuen Frau zusammenleben?" Meine Naivität in diesem Fall ist echt.

Er schaut mich verständnislos an. „Aber nein! Ich will mich nicht scheiden lassen. Meine Frau ist toll! Aber ich will sie beide behalten!" Es wird spannend für mich. „Wie stellen Sie sich das vor?", frage ich neugierig. Achtung – jetzt kommt es: „Ich stelle mir das so vor, dass ich unter der Woche bei meiner Frau und den Kindern bin und am Wochenende bei meiner Geliebten." Tolle Idee!

„Und was meinen die beiden Damen zu diesem Vorschlag?", bin ich interessiert. „Das ist es ja! Es könnten beide glücklich sein!" (Na klar.) „Aber meine Frau droht mit Scheidung und die andere will mich verlassen, wenn ich mich nicht entscheide! Und da tu ich mir nun mal schwer, das wissen Sie ja. Ich dachte, so müsste ich mich nicht entscheiden, ich liebe sie beide, aber offenbar versteht mich niemand und ich fühle mich jetzt in die Ecke gedrängt", redet er weiter. „Na ja", erwidere ich, „da dürfen Sie sich aber nicht wundern, das ist schon eine große Zumutung, was Sie da von Ihrer Frau verlangen."

Da wird Herr Doe plötzlich unwirsch. „Was soll das heißen, das ist eine Zumutung für meine Frau?", fragt er verärgert. „Schließlich hat sie mich ja dazu gezwungen, mir eine Geliebte zu nehmen!" Pardauz. Ich bin komplett baff. „Ihre Frau hat Sie gezwungen?" Ich kann es nicht fassen! „Na ja", hat sich Herr Doe wieder beruhigt, „irgendwie schon. Mit ihrem Verhalten. Sie hat mich vernachlässigt, interessiert sich nicht mehr für mich, sondern nur für die Arbeit und die Zwillinge. Was sollte ich tun? Da habe ich diese andere Frau kennengelernt und es ist einfach passiert! Die Gefühle haben uns einfach überwältigt!" Genau.

Meine Naivität kommt wieder zum Vorschein und lässt mich fragen: „Haben Sie einmal mit Ihrer Frau darüber geredet, was Sie stört in Ihrer Beziehung? Dass Sie sich vernachlässigt fühlen etc.?" Verständnisloses Kopfschütteln bei Herrn Doe. „Natürlich nicht. Das hätte nichts gebracht. Sie hätte nicht zugehört." „Woher wollen Sie das wissen?", meine nächste naive Frage. „Hat Sie Ihnen sonst nie zugehört, wenn Sie Probleme hatten?" Herr Doe braucht nicht einmal nachzudenken: „Doch, schon. Aber diesmal hätte Sie bestimmt nicht zugehört!"

Wie die Geschichte ausgegangen ist? Eine Entscheidung brauchte er tatsächlich nicht selbst zu treffen, das erledigte seine Geliebte für ihn. Wir arbeiteten an seinem Selbstwert und seiner Entscheidungsfähigkeit. Wir führten Gespräche mit seiner Frau und es entstand wieder eine Annäherung. Herr Doe suchte sich einen neuen Job. Herr und Frau Doe sind nach wie vor verheiratet. Es kann also auch gut ausgehen.

Bevor wir uns dem Drama des Herrn Doe widmen und seine bevorzugte Rolle darin analysieren, möchte ich Ihnen noch ein paar praktische Tipps zum Thema „Seitensprung" geben.

Betrachtet man die Sache familiensystemdynamisch (tolles Wort, oder?), kann man sagen, dass ein Seitensprung meist ungünstige Auswirkungen auf die Familienmitglieder und das Familiensystem hat. In einzelnen Fällen kann ein Seitensprung eine eingerostete Beziehung wieder flott machen, ich würde aber trotzdem davon abraten. Nicht aus religiösen oder moralischen Gründen, das muss jeder für sich selbst entscheiden, sondern weil es ungeheuer wehtut, wenn es rauskommt (und es kommt irgendwann raus, glauben Sie mir). Außerdem richtet ein Seitensprung meist mehr Schaden an, als die Sache wert war.

Nun, wenn Sie das aber trotzdem unbedingt tun müssen, dann gibt es eine eiserne Regel: Klappe halten! Erzählen Sie niemandem davon. Nicht einmal dem besten Freund/der besten Freundin, denn wenn Sie es einmal erzählt haben, stellt sich die Frage, wie lange Sie noch beste Freunde sind. Wenn Sie gar nicht damit klarkommen, weil das schlechte Gewissen Sie plagt, dann gehen Sie in eine Kirche zu einem Priester und erzählen Sie es dem. Der hat Schweigepflicht. Allerdings müssen Sie sich da vermutlich eine Moralpredigt anhören. Oder gehen Sie zu einem Coach, wir müssen auch dichthalten. Da müssen Sie sich zwar keine Standpauke anhören, dafür aber einen Stundensatz zahlen. Alles hat seinen Preis.

Das zu diesem Thema. Weitere hilfreiche Tipps zum Fremdgehen unterlasse ich an dieser Stelle, da ich persönlich der Meinung bin, dass Fremdgehen keine gute Idee ist, weshalb ich das nicht auch noch fördern möchte. Ob Sie das jemals tun oder nicht, ist trotzdem ganz allein Ihre Sache, und es steht mir nicht zu, darüber zu urteilen.

Widmen wir uns jetzt Herrn Doe. Ist er nicht wirklich arm? Fast könnte er einem leid tun. Er war auch sehr überzeugend in seinem Vortrag, was irgendwie logisch ist, weil er seine eigene Sicht der Dinge auch glaubt. Für ihn ist das die reine Wahrheit.

Wenn wir jetzt wieder das Dramadreieck bemühen, so finden wir in diesem Herrn Doe die Rolle des Opfers. Opfer nehmen zumeist eine Defensivhaltung ein, immer bereit, sich zu rechtfertigen, was nicht bedeutet, dass sie die Verantwortung für ihr Handeln übernehmen („Sie hat mich praktisch gezwungen …"). Der Selbstwert der Opfer ist auch nicht besonders hoch, jedoch verfügen sie über eine große Macht. Die Opferrolle ähnelt einem kindlichen Verhalten. Kinder haben manchmal keine andere Chance, als sich durch kleine Erpressungen oder demonstrative Hilflosigkeit durchzusetzen. Das hilft ihnen, ihre Kindheit zu überstehen. Ich nenne das immer „den Schlechtes-Gewissen-Knopf drücken". Kinder wissen genau, wo die Eltern ihren wunden Punkt haben. Denken Sie einmal an die gestresste Mutter, die in der langen Schlange an der Supermarktkasse wartet. Das Kind muss nur eine weinerliche Stimme aufsetzen und nach einem Eis krähen – mehr als drei Versuche braucht es zumeist nicht, bis Mami nachgibt, damit im Supermarkt kein Tumult entsteht und sich nicht noch ein Außenstehender einmischt.

Manche Menschen übernehmen dieses Verhalten in ihr Erwachsenenleben und kommen damit ganz gut durch. Immer hilft ihnen irgendjemand aus der Patsche. Aus der transaktionsanalytischen Sicht entspricht die Haltung eines Opfers am ehesten der Einstellung: „Ich bin nicht o.k. – du bist o.k."

Damit stellt das Opfer seine Mitmenschen auf ein Podest, das sich diese gar nicht ausgesucht haben, und zwar ohne die Betroffenen zu fragen, ob sie das wollen oder nicht. Ein Opfer spricht von Gefühlen, die in Wahrheit keine sind, sondern sich eher wie versteckte Unterstellungen anhören, wie z. B.: „Ich fühle mich vernachlässigt" – was im Grunde nichts anderes bedeutet als: „Du vernachlässigst mich!" – was nicht unbedingt stimmen muss.

Und damit wird auch gleich das nächste Problem des Opfers deutlich: Verantwortung zu übernehmen, für die eigene Befindlichkeit oder eigenes Handeln, ist nicht so ganz sein Ding.

Opfer sind Rechtfertiger und erstklassige Ausredenerfinder. Am Zuspätkommen ist die Straßenbahn schuld, am Seitensprung ist die Frau schuld. Bei unserem Herrn Doe in der obigen Geschichte sind es sogar zwei Frauen – die eine nämlich, indem sie ihn quasi dazu gezwungen hat, sowie die andere, die ihn praktisch verführt hat. Außerdem waren da auch noch die Gefühle, die ihn überwältigt haben (na gut, die dürften in der Überzahl gewesen sein – und noch dazu alle 2 m groß und bewaffnet).

Opfer genießen und brauchen die Aufmerksamkeit. Sie tun alles, um diese zu bekommen. Deshalb sind sie auch häufig nicht gewillt, ihr Problem zu lösen, denn womit sollten sie sonst Aufmerksamkeit auf sich ziehen? Dabei ist es ihnen auch egal, wenn es negative Aufmerksamkeit ist, indem man sie maßregelt, denn immerhin widmet man sich ihnen.

Das wunderbare Lied „Die Lösung" von Annett Louisan beschreibt dieses Verhalten perfekt: „Geh mir weg mit einer

Lösung – die wär der Tod für mein Problem." Opfer haben auch ein untrügliches Gespür dafür, mit wem sie ihre Spielchen spielen können. Vielleicht kennen Sie das aus eigener Erfahrung: Sie führen ein Gespräch und – schwupps – ehe Sie sich's versehen, haben Sie schon eine Arbeit umgehängt bekommen, die das Opfer angeblich nicht bewältigen kann. Und während Sie ihm bis spät in der Nacht den Gefallen tun, macht der Hilflose schon Party.

Während der Täter keinen Zugang zu seinen Gefühlen hat oder haben will, versinkt das Opfer in Gefühlen und suhlt sich darin, ganz beliebt ist dabei das Selbstmitleid. Fakten und Tatsachen werden geflissentlich übersehen.

Das Opfer ist ein paradoxes Wesen: Einerseits fühlt es sich klein und unscheinbarm, andererseits glaubt es aber, alles würde sich ausschließlich um seine Befindlichkeiten drehen.

Was also tun, wenn ein Opfer zum Drama einlädt?

Erster Schritt:
Achten Sie auf Ihr Bauchgefühl. Wenn eine gewisse Hilflosigkeit in Ihnen aufsteigt, weil Sie sich gerade nicht auskennen und nicht verstehen, was Ihr Gegenüber von Ihnen will, wissen Sie: Ein Opfer ist im Anmarsch.

Zweiter Schritt:
Lernen Sie, „Nein" zu sagen, und wenn Sie das schon sehr gut können, wenden Sie es im Umgang mit Opfern an. Opfer sind, wie gesagt, sehr mächtig. Einmal ins Netz gegangen, werden Sie immer wieder ausgesaugt. Halten Sie es aus, wenn das Opfer Sie

beim ersten „Nein", nach unzähligen „Meinetwegen", mit einem Dackelblick ansieht und meint: „Ich wusste es schon immer! Ich bin dir egal!"

Dritter Schritt:
Denken Sie daran, dass Opfer ungern Verantwortung für ihr Handeln übernehmen, sondern diese gerne auf andere abwälzen wollen. Bieten Sie deshalb auf keinen Fall eine Sofortlösung mit Umsetzung an, sondern halten Sie denjenigen an, selbst eine Lösung zu finden, und lassen Sie ihn selbst Hand anlegen (z. B.: „Hm. Was würdest du tun?").

Vierter Schritt:
Erinnern Sie sich daran, dass das Opfer im Gefühlssumpf oft die Tatsachen vergisst. Erkundigen Sie sich also nach den Fakten und hinterfragen Sie diese. Dabei bietet sich die Zauberfrage an: „Was genau ist passiert?"

Fünfter Schritt:
Falls all dies nicht zu einem halbwegs konstruktiven Gespräch führt, liegt es nicht an Ihnen. Wenn jemand ein Drama machen will, dann macht er eines. Selbst wenn Sie Gandhi wären, könnten Sie nichts dagegen tun. Sie haben nur den Trost: Sie können von diesem Menschen weggehen. Er jedoch geht mit sich nach Hause und hat sich selbst 24 Stunden am Tag. (Kommt Ihnen irgendwie bekannt vor, oder?)

Kapitel 1.3 Undank ist der Welt Lohn!

Jane Doe ist 63 und auf Anraten ihres genervten Sohnes zu mir gekommen. Sie wirkt äußerst konservativ und hat ebenso konservative Ansichten, deshalb empfindet sie es auch ein bisschen als Schande, nun bei mir zu sitzen.

Sie ist auf dem Land in ärmlichen Verhältnissen groß geworden, ihre Eltern waren einfache, aber angesehene Leute im Dorf. Mit 18 setzte sie sich in den Kopf, den Sohn des Nachbarn zu heiraten, was ihr auch gelang. Rasch wurde Jane schwanger und brachte ihren einzigen Sohn auf die Welt.

Die Arbeitsplatzsituation erforderte es jedoch, dass die Familie dem Dorf den Rücken kehren und nach Wien ziehen musste. Abgesehen davon sollte der intelligente kleine Junge es einmal besser haben als sie selbst.

Die eigensinnige Jane verwöhnte den Buben an allen Ecken und Enden, allerdings zu dem Preis, dass er ständig und überall von Mami kontrolliert wurde und sie sich in alle Belange seines Lebens einmischte, wie sie es auch bei ihrem Mann tat. Als Janes Mann plötzlich verstarb, klammerte sich Jane noch mehr an ihren Sohn, der tatsächlich das Jusstudium in Windeseile absolvierte. Er wohnte während des Studiums zu Hause und aß selbstverständlich auch dort, im Gegenzug musste er über jeden Schritt Rechenschaft ablegen. Und wenn er einmal ausging, wartete die Frau Mama, bis das Jungchen wieder zu Hause war, um ihn auszufragen, mit wem er wie lange wo unterwegs gewesen war. Jedoch war der Sohn sehr zielstrebig, selbstbewusst, pragmatisch und realistisch.

Nachdem er die Anwaltsprüfung abgelegt hatte, organisierte er sich eine Anstellung in einer renommierten Kanzlei und verdiente gut.

Dann folgte die Katastrophe: Sohnemann lernte eine Anwaltskollegin kennen und lieben und verbrachte mehr Zeit mit ihr als mit Mami. Na, das geht ja gleich gar nicht! Mami ließ kein gutes Haar an ihr: „Sie ist keine Hausfrau, sie geht arbeiten, anstatt zu Hause auf den Partner zu warten. Sie ist ein Flittchen, weil sie abends allein zu Geschäftsessen geht. Sie kann nicht mit Geld umgehen, weil sie teure Kostüme trägt." Es half alles nichts.

Der Sohn zog mit dem Flittchen zusammen und heiratete sie sogar. Da beschloss Jane, sich mit dem Feind zu verbünden, um weiterhin Kontrolle über den Sohn zu haben. Sie schleimte sich bei der verhassten Schwiegertochter ein und überzeugte sie davon, dass sie sich ja um den Haushalt kümmern kann, während diese arbeitet.

Die Schwiegertochter ging in die Falle. Was am Anfang praktisch erschien, weil am Abend die Wohnung geputzt, eingekauft und frisch gekocht war, entpuppte sich bald als Albtraum. Die erste Eskalation fand statt, als Jane eines Samstags um Punkt 7:00 Uhr im Schlafzimmer stand und Staub wischen wollte, dabei jedoch unvermittelt in ein eheliches Techtelmechtel platzte.

Die zweite Eskalation folgte in der Schwangerschaft der jungen Frau, als diese dem werdenden Vater und der werdenden Großmama stolz die Vorschläge für die Gestaltung des Kinderzimmers (Tapeten etc.) zeigte, welche die Großmama heimlich für schwachsinnig hielt. Insgeheim sprach sie der Schwiegertochter nämlich jeglichen Instinkt für Raumgestaltung ab.

Während das junge Paar auf Urlaub war, um ein letztes Mal das Glück zu zweit zu genießen, machte sich Jane daran, das Kinderzimmer in der Zwischenzeit nach ihren eigenen Wünschen zu gestalten. Als das Paar nach Hause kam, war alles fix und fertig und vor allem hässlich. Bitterer Streit und Tränen bei beiden Frauen waren die Folge, dann tagelanges Schweigen. Endlich Versöhnung und Versprechungen.

Doch dann ...

„Frau Doe, warum sind Sie heute hier?", frage ich Jane, die mich im Aussehen etwas an Mrs. Doubtfire aus dem gleichnamigen Film mit Robin Williams erinnert. „Ich weiß es eigentlich auch nicht genau und ich bin sehr enttäuscht von meinem Sohn, dass er mich zu einer Seelenklempnerin schickt. Ich bin doch nicht verrückt!" Das fängt ja gut an. „Ich bin sicher, dass Sie nicht verrückt sind, und ich bin keine Seelenklempnerin, sondern ein Coach, der Menschen bei Veränderungsprozessen begleitet", kläre ich sie auf. (Na gut, ich habe es damals nicht ganz so schön, sondern eher plastisch erklärt, aber das würde hier nicht so gut ankommen.)

„Wissen Sie", konstatiert Frau Doe, „ich glaube ja, da steckt meine Schwiegertochter dahinter, dieses Miststück. Ich konnte sie ja noch nie leiden, aber mein Sohn ist ihr ja vollends verfallen, sozusagen hörig, könnte man sagen. Sie hat ihm sicher gesagt, er soll mich hierherschleppen, diese Schlampe." Alter Schwede! Was läuft denn hier ab? „Sie sind, scheint's, nicht gut zu sprechen auf die Dame, habe ich Recht?" O.k., das war nicht schwierig zu erraten. „Sie haben vollkommen Recht!", echauffiert sich Frau Doe. (Was für ein Glück.)

Es folgen minutenlange Schimpftiraden auf die Schwiegertochter, die ja nicht einmal im Stande sei, Fenster zu putzen in ihren Stöckelschühchen, geschweige denn, eine dreistöckige Hochzeitstorte zu backen! Aber einen Doktortitel haben und damit glauben, sie sei etwas Besseres. „Ihr Sohn hat auch einen Doktortitel", werfe ich ein. Erstaunen bei Frau Doe. „Ja, aber das ist ja etwas anderes. Er ist ja ein Mann." Ah so. Alles klar. Trotzdem bin ich gespannt, wie die Geschichte weitergeht.

„Und was mich am meisten ärgert", setzt Jane an, „ist, dass ich in den letzten Jahren und besonders, seit das Enkerl da ist, so viel für die beiden tue, und so wird es einem gedankt! Die beiden, und besonders meine Schwiegertochter, können ja überhaupt nicht mit dem Baby umgehen. Alles muss ich selbst in die Hand nehmen, damit das einigermaßen funktioniert. Stellen Sie sich vor! Die hat schon nach sechs Monaten abgestillt! Der Arzt hätte gemeint, sie hätte nicht genug Muttermilch für die Kleine. Was für eine Ausrede. Sie ist doch nur zu faul."

Ich sage ihr jetzt besser nicht, wie lange ich meinen über alles geliebten Sohn gestillt habe. „Diese jungen Mütter machen es sich alle viel zu leicht!", fährt Frau Doe fort. „Ich habe meiner Schwiegertochter gezeigt, wie man die Fläschchen auskocht, damit alles steril ist. Aber nein! Sie muss ja dieses flüssige Zeugs kaufen, wo man die Flaschen reinlegt. Was weiß die denn schon! Wir haben damals sogar noch Windeln auskochen müssen, und jetzt gibt es dieses ganze Papierzeugs." Ja, genau! Und im Mittelalter hat man Hexen verbrannt. „Aber das Ärgste kommt ja noch", geht es weiter, „die Kleine ist jetzt über neun Monate alt und der Orthopäde, dieser Stümper, hat gesagt, sie hat ein Problem mit der Hüfte und muss eine Spreizhose tragen, und zwar Tag und Nacht für die nächsten paar Monate! Und die Mutter macht diesen Schmarren tatsächlich! Das müssen Sie sich einmal vorstellen!" Hab ich das jetzt richtig verstanden? „Wie? Sie finden, es ist falsch, der Kleinen diese Spreizhose anzuziehen?", frage ich ungläubig. „Absolut!", schallt es mir entgegen. Aber ihre Stimme wird auf einmal ganz weich und liebevoll: „Sie müssten das arme Hascherl einmal sehen! Kann sich kaum bewegen, dabei krabbelt sie doch schon so lieb. Und wie schaut das denn aus, wenn uns wer sieht? Der glaubt ja, das Baby ist behindert. Das geht doch nicht. Die Arme tut mir so leid!" Ihre Stimme wird wieder resoluter: „Und deshalb tu ich ihr das Ding runter, wann immer es geht, und befreie das arme Mädchen davon. Deshalb haben mein Sohn und ich gestritten, weil er das nicht will. Aber ich meine es doch nur gut mit dem Kind!" – Tja. Das Gegenteil von gut ist eben gut gemeint.

Belassen wir es an dieser Stelle dabei. Da Frau Doe von sich aus keinen Veränderungswillen bzw. keine Einsicht zeigte, war es sinnlos, daran weiterzuarbeiten. Jedoch konnte ich ihren Sohn und seine Frau überzeugen, mit mir zu arbeiten und zu lernen, mehr Grenzen zu setzen.

Sie werden beim Lesen schon bemerkt haben, dass hier eine ganz andere Dynamik als in den vorherigen Geschichten zu spüren ist, und zwar eine ziemlich unangenehme. Aus meiner Sicht und nach meinem Verständnis sogar die schlimmste der drei

Dramadynamiken. Die Rolle, welche Frau Doe im Dramadreieck einnimmt, nennen wir „Retter".

Und wieso denke ich, dass der Retter die unangenehmste, vielleicht sogar gefährlichste Rolle im Drama ist? Schließlich ist er doch hilfsbereit, gibt Ratschläge und setzt sich ein. Ja eh! Aber warum tut er das denn? Weil er selbstlos und erleuchtet ist? Weil es einfach so unheimlich schön ist, sozial zu sein und Gutes zu tun? Weit gefehlt!

Um das Selbstwertgefühl des Retters ist es nicht besonders gut bestellt. Also woher nehmen, wenn nicht stehlen? Was könnte man tun, wenn man zu bescheiden ist, um sich selbst größer zu machen, wie es der Täter durch Aufplustern versucht, aber gleichzeitig zu arrogant ist, um sich selbst kleiner zu machen, wie es das Opfer durch Selbstdiskriminierung tut (nach dem Motto: „Ich bin eben zu dumm für alles")?

Ha! Genau! Man könnte seine eigene Größe behalten und dafür die anderen in die Knie zwingen – und das alles mit dem Mäntelchen umhüllt: „Ich meine es ja nur gut mit dir." Das könnte man auch als das „Gutmenschen-Syndrom" bezeichnen.

Gemäß der Transaktionsanalyse entspricht die Haltung des Retters der Einstellung: „Ich bin nicht o.k. – du bist nicht o.k." Das bedeutet auf den Punkt gebracht: Ich bin nicht o.k., aber ich weiß es zumindest – und ich bin immer noch ein bisschen o.k.-er als du!

Und wie macht man nun jemanden kleiner als er ist? Ein von Rettern gerne gewählter Weg ist die Belehrung, auch

„Schulmeisterei" genannt. Ob der Retter Ahnung von der Materie hat, um die es geht, ist dabei völlig unerheblich. Er möchte nämlich Werte wahren, und zwar hauptsächlich seine eigenen, von denen er aber annimmt, dass sie Allgemeingültigkeit besitzen. Sehen wir hier einen Anflug von Anmaßung? Jawoll! Die Retterecke im Dramadreieck ist auch die Ecke, in der die Anmaßung und der Neid zu Hause sind. Aber da nun eben das Selbstwertgefühl des Retters nicht allzu groß ist, kann er nicht einfach sagen: „Mir ist wichtig, dass ..." Er muss es umschreiben, und das hört sich dann so an: „Man sollte mehr auf dieses oder jenes achten!", „Das kann man so nicht ...", „Das darf eigentlich so nicht ...".

Die Rolle des Retters hat prinzipiell auch etwas Gutes, er besitzt nämlich Einfühlungsvermögen. Nur geht dies so weit, dass sich der Retter selbst nicht mehr spürt und nur noch im anderen lebt. Er ist sich seiner eigenen Gefühle einfach nicht mehr bewusst. Deshalb besitzt der Retter auch sehr viel Mitleid mit anderen. Nur, wenn zwei leiden statt einem, wem hilft das?

Wann immer sie jemandem zuhören, der häufig Aussagen trifft wie „Man wünscht sich ja nur ein bisserl Glück im Leben" oder „Man ist ja schon zufrieden, wenn man gesund ist", können Sie jedes „man" durch „ich" ersetzen. In Wahrheit wünscht sich derjenige selbst, ein bisserl mehr Glück zu haben oder gesund zu sein. Außerdem liegt der Verdacht nahe, dass in diesem Menschen zumindest ein kleiner Retter seine Runden zieht.

Das Fatale bzw. Paradoxe am Retter ist, dass er im Grunde Gutes tun will, aber mit der Art, wie er es tut, Böses erzeugt. Um dies zu verdeutlichen, ein Klassiker: Im Pausenraum lästern Huber und Meier über Sie, der Sie nicht anwesend sind. Müller, der hauseigene Retter, hört das und fühlt sich unverzüglich bemüßigt, Ihnen davon zu erzählen: „Du, es geht mich ja eigentlich nichts an, aber ich wollte dir nur sagen, dass man im Pausenraum über dich hergezogen ist. Ich nenne jetzt keine Namen – Huber und Meier. Ich will nur, dass du es weißt." Na toll! Das wollten Sie schon immer wissen. Und jetzt? Wie würden Sie reagieren? Sicherlich würden Sie sanft lächeln, nicken und vollkommen authentisch liebevoll den Müller fragen, was ihn das eigentlich angeht und was das mit ihm zu tun hat. – Applaus! Vollkommen richtig reagiert! Sie gehören zu den bereits absolut dramabefreiten Erleuchteten!

Sollten Sie den Wunsch verspürt haben, in den Pausenraum zu krachen und Huber samt Meier zu verprügeln, dann tut es mir leid, Sie gehören leider nicht zu den Erleuchteten. Schade! Sie dürfen trotzdem weiterlesen, vielleicht kommt die Erleuchtung ja noch.

Hier nochmal zusammengefasst die Gebrauchsanleitung im Umgang mit Rettern:

Erster Schritt:
Wenn Sie bemerken, dass jemand versucht, sich bei Ihnen einzuschleimen, und Aggressionen kommen aus unerfindlichen Gründen in Ihnen hoch, dann wissen Sie: Sie haben es mit einem Retter zu tun.

Zweiter Schritt:
Grenzen Sie sich ab und behalten Sie Ihre Größe. Fragen wie „Was geht dich das eigentlich an?" oder „Warum erzählst du

mir das?" sind tatsächlich adäquat und sinnvoll. Sollte dann eine Antwort nach dem Motto „Na, ich wollte dir ja nur helfen!" kommen, können Sie getrost darauf sagen: „Danke, aber ich kann das allein regeln." Schließlich sind Sie ja erleuchtet und erwachsen.

Dritter Schritt:
Erinnern Sie sich daran, dass ein Retter gerne im anderen lebt, während er seine eigenen Gefühle nicht wahrnimmt. Er spürt nur das, von dem er glaubt, dass Sie es spüren müssten. Deshalb bietet sich die Frage an: „Wie geht es dir eigentlich mit dieser Situation?"

Vierter Schritt:
Denken Sie daran, dass ein Retter gerne die Verantwortung für etwas an sich reißt, die ihm nicht gehört. Deshalb belastet er sich selbst unnötigerweise und nimmt damit dem anderen seine Würde. Vielleicht kennen Sie den Spruch: „Wennst a Weh brauchst, ruaf mi an."

Fünfter Schritt:
Falls all dies nicht zu einem halbwegs konstruktiven Gespräch führt, liegt es nicht an Ihnen. Wenn jemand ein Drama machen will, dann macht er eines. Selbst wenn Sie Gandhi wären, könnten Sie nichts dagegen tun. Sie haben nur den Trost: Sie können von diesem Menschen weggehen. Er jedoch geht mit sich nach Hause und hat sich selbst 24 Stunden am Tag. (Verdammt! Nicht schon wieder!)

Kapitel 1.4 Wasch mich, aber mach mich nicht nass!

Hypnose ist ein wunderbares Werkzeug, um Verhaltensveränderungen herbeizuführen. Mit Hilfe eines Hypnosecoachings kann man vieles verändern und mehr Lebensqualität erlangen. Natürlich dürfen wir Lebens- und SozialberaterInnen nicht an krankheitswertigen Störungen arbeiten, aber wir dürfen sehr wohl etwas im Verhalten bewirken, um Gewohnheiten erfolgreich zu modifizieren. Hypnose kann jedoch, wie jedes Coaching, nur dann wirken, wenn der Klient die Veränderung auch tatsächlich will und zulässt. Wir Coaches begleiten nur und leiten die Veränderungsarbeit an, umsetzen muss sie der Klient schon selbst.

Das Hypnosecoaching zur Optimierung des Essverhaltens ist ein großer Renner, da es in weiterer Folge eine Gewichtsreduktion mit sich führt. Warum das so ist, ist eigentlich ganz klar: Wenn ich aufhöre, zwei Tafeln Schokolade und drei Bier täglich zu verdrücken, weil ich durch die Hypnose keinen Appetit mehr darauf habe, dann wird sich automatisch das Gewicht verändern. Zaubern kann die Hypnose jedoch trotzdem nicht, denn die Mitarbeit des Klienten ist erforderlich.

Jane Doe ist 38 Jahre, 1,70 m groß und wiegt 95 kg. Schon als Kind war sie eher pummelig, während ihre Mutter sehr schlank und diszipliniert beim Essen war. Ihr Vater hingegen neigte ebenfalls zu Übergewicht, hätte aber seine Tochter auch gerne schlank gesehen.

Deshalb wurde das Essen zu einem permanenten und täglichen

Thema in der Familie. Jeder von Janes Bissen wurde kommentiert und man ließ ihr einige herabwürdigende Spitznamen angedeihen. Das machte die Sache natürlich nicht besser. Im Gegenteil. Jane verbarrikadierte sich in einer Trotzhaltung nach dem Motto: „Jetzt erst recht – ich mache, was ich will", die sie bis heute beibehalten hat. Gleichzeitig wurde sie zu einem Menschen, der mit möglichst geringem – am besten gar keinem – Aufwand ein Maximum an Erfolg haben wollte und gerne das Verhalten anderer Menschen kontrollierte, wenn sie schon keine Kontrolle über ihr eigenes hatte.

Eigeninitiative, Durchhaltevermögen und Disziplin waren nicht so ihr Ding. Ein Jahr, bevor sie zu mir kam, ließ sie sich scheiden und versuchte daraufhin, mit Hilfe diverser Diäten abzunehmen. Das gelang – wie Sie sich jetzt schon denken können – nicht.

Nun hatte sie von einer Kollegin gehört, dass diese mit Hypnose erfolgreich 10 kg abgenommen hatte. Das war es! Sofort ließ sie sich meine Nummer geben und rief bei mir an, um einen Termin zu vereinbaren. In der ersten Sitzung teilte sie mir mit, dass Sie furchtbar unglücklich mit ihrer Figur sei und ihr bis dato nichts geholfen hätte. Wir erarbeiteten also ihr Wunsch-Essverhalten, das so aussehen sollte, dass sie zwischen den Hauptmahlzeiten kein Verlangen nach ihren Verführern wie Nutella (ein Glas am Tag!) und sonstigen Süßigkeiten hätte. Besonders nach dem Abendessen sollten ihr diese Dinge völlig gleichgültig sein.

Weiter wollte sie mehr Lust auf Bewegung bekommen, was für sie aber eher spazieren gehen oder gemächliches Nordic Walking bedeutete und weniger eine Sportart, bei der man möglicherweise ins Schwitzen kommt. Ich implementierte also diese

Wünsche während der Hypnose, die nicht ganz reibungslos verlief, weil sie sich nicht vollständig einlassen wollte. Gut, das kann schon vorkommen in der ersten Sitzung, schließlich ist alles neu und aufregend und man will ja vielleicht alles mitkriegen, was man zwar sowieso täte – aber bitte. Ich hatte ein eigenartiges Gefühl nach der Sitzung, als wäre irgendetwas nicht richtig gelaufen, ich konnte mir aber nicht erklären, was es war.

Zwei Tage später erhielt ich ein euphorisches E-Mail, in dem stand, dass sie sich wunderbar fühle und die Hypnose funktioniert hätte. Ich war erleichtert, wir vereinbarten einen nächsten Termin. Ich war sicher, wir waren auf einem guten Weg.

Ich sollte eines Besseren belehrt werden …

„Guten Tag, Frau Doe, schön, dass Sie hier sind. Wie geht es Ihnen?", begrüße ich Frau Doe, die nicht besonders glücklich aussieht. „Nicht gut", tönt mir die knappe Antwort entgegen. Na toll. „Was ist passiert?", wundere ich mich. „Also", schnattert sie los, „die ersten beide Tage hat das ja wunderbar funktioniert. Aber dann hab ich nachgedacht." Au weh. Nicht immer ist nachdenken eine gute Idee. „Worüber haben Sie nachgedacht?", frage ich nach. „Ja, also ich bin drauf gekommen, dass ich auf das Nutella nicht verzichten will", beginnt sie ihre Reflexion. „Und", fährt sie fort, „das mit dem Sport will ich auch nicht. Bewegung war noch nie meines."

Es wäre zu schön gewesen. „Na ja", meine ich, „gegen einen Löffel Nutella ist nichts einzuwenden, den dürfen Sie gerne genießen, und wenn Sie keinen Sport treiben wollen, ist das o.k. Ein Glas Nutella am Tag einsparen, bedeutet ca. 2.500 Kalorien weniger.

Da geht auch schon eine Menge Kilos weg." „Nein, nein", führt sie weiter aus, „ein Löffel reicht nicht. Das ist ja meine Nervennahrung, das brauch ich schon ausreichend. Machen Sie, dass es mir wieder schmeckt." Ich verstehe nicht ganz. Was soll ich tun? Offenbar bemerkt sie meinen fragenden Blick. „Na ja", konstatiert sie, „ab dem dritten oder vierten Tag bin ich zu dem Schluss gekommen, dass ich das Nutella essen will, aber irgendwie war mir Nutella gleichgültig und ich hatte gar keinen Appetit darauf." Ja, genau, das hatten wir ja auch so abgesprochen. „Also", geht es weiter, „habe ich mich direkt ZWINGEN müssen, das ganze Glas zu essen, und geschmeckt hat es dann auch nicht."

Ich glaube, ich bin im falschen Film. Ist denn das die Möglichkeit? „Hm", entschlüpft es mir, „das kann ich natürlich schon machen, dass Nutella Ihnen wieder schmeckt, ich halte es nur für kontraproduktiv. Oder haben Sie sich entschlossen, doch nicht abzunehmen?"

„Doch, doch!", ruft sie. „Nur nicht so!" Aha. Ich bin nicht sicher, ob die Nutella-Diät funktioniert. „Gut. Und wie genau wollen Sie dann abnehmen?", hake ich nach. „Keine Ahnung! Nur nicht auf diesem Weg! Und – müssten das nicht eigentlich SIE wissen?" Hilfe! Ich wittere eine Falle, weiß aber noch nicht genau, worauf das hinausläuft.

Nach kurzem Nachdenken schlage ich vor: „Wir könnten bei den Hauptmahlzeiten Kalorien einsparen, indem Sie nur mehr die Hälfte essen." „Das kommt ja gar nicht in Frage!", wirft sie sofort ein. „Ich kann ja nicht nur von Nutella leben." Doch. Eigentlich schon, wenn auch ungesund. „Und wenn Sie umsteigen auf Gemüse und leichtes Essen?", biete ich an. „Bin ich ein Kaninchen?

Salat und Gemüse haben mir noch nie so wirklich geschmeckt, ich bin eher der Nudel- und Pizza-Typ." Das sieht man. Und gleichzeitig wird mir auch klar, wohin das Gespräch führen soll.

Um sicherzugehen, dass meine Vermutung stimmt, starte ich einen letzten Versuch: „Ich könnte Ihnen aber in der Hypnose sagen, dass Ihnen Gemüse und Salat schmecken." Sie schüttelt heftig den Kopf. „Nein, nein, nein", lehnt sie ab, „da müsste ich ja dann zwei Mal kochen, denn mein Sohn mag auch kein Gemüse, und dem müsste ich dann die Nudeln extra machen." Schon klar. Das geht natürlich nicht.

„Ist Ihr Sohn übergewichtig?", frage ich vorsichtig. „Ja", antwortet sie, „wissen Sie, das ist bei uns nämlich genetisch. Wir kommen alle nach meinem Vater." Stimmt ja! Es ist ja genetisch! Na, da hab ich natürlich mit meiner lächerlichen Hypnose keine Chance. Ätsch, ausgebootet!

„Tja", seufze ich, „ich fürchte, dann gibt es nur mehr eine Möglichkeit für Sie." Sie wird neugierig: „Und was soll das sein?" Ich versuche, einen Witz zu machen: „Eine Operation zur Magenverkleinerung und Fettabsaugung." Staunend sieht sie mich an. „Das ist eine tolle Idee", strahlt sie über das ganze Gesicht, „zahlt das die Krankenkasse?"

Ich würde die Geschichte auch nicht glauben, wenn ich Sie wäre. Es ist jedoch tatsächlich so passiert.

Doch lassen wir uns vom Inhalt des Gesprächs nicht ablenken. Viel interessanter ist, was hinter der Struktur dieses Dialogs steckt.

Sie haben sicher schon erkannt, dass auch hier ein Drama versteckt ist. Drama ist ja eines der beliebtesten Spiele, die Erwachsene so spielen. (Literaturhinweis: „Spiele der Erwachsenen" von Eric Berne.) Das Drama spielt sich, wie wir schon gelernt haben, zwischen Täter, Opfer und Retter ab. Jedoch muss es nicht immer aus drei Personen bestehen.

Es wäre ja auch sehr seltsam, wenn ein Ehepaar am Abend extra zum Nachbarn gehen müsste, um zu fragen, ob er schnell mal den Retter in ihrem Drama machen könnte. Beim Drama zu zweit aktivieren die beiden Spieler ihren inneren kleinen Retter. Wenn der Täter also ein Argument abfeuert, ist das Opfer kurz getroffen, bis der innere Retter sich meldet: „Na warte, das zahle ich dir heim." Und peng! Das ehemalige Opfer ist jetzt über den inneren Retter zum Täter avanciert und schleudert seinerseits eine Bemerkung ab. Ein fabelhafter Schlagabtausch.

Nur, Sie brauchen nicht einmal zwei Personen, um sich den ganzen Abend mit Drama zu unterhalten. Sie können das sehr gut alleine. Ein Beispiel: Sie waren einkaufen und fahren nun mit den vollen Tragtaschen nach Hause. Dort bemerken Sie, dass Sie etwas vergessen haben, was Sie dringend gebraucht hätten. Die Geschäfte haben aber schon geschlossen. Ein fabelhafter Anlass, um sich wieder einmal so richtig selbst eines reinzuwürgen. „Verdammt, ich bin schon zu blöd für alles." (Täter) „Ich bin halt immer so im Stress, es hilft mir ja auch niemand." (Opfer) „Man kann halt nicht an alles denken." (Retter) „Aber das habe ich nun davon, dass ich mich in der Firma so reinhänge." (Täter) Und so geht das Spiel weiter. Kennen Sie das oder ähnliche Situationen vielleicht? Ach so, ja, natürlich nicht. Sie sind ja schon erleuchtet!

Das Beispiel dieser Klientin ist eine Abwandlung des sogenannten „Warum nicht? – Ja, aber!"-Spiels und dieses findet immer zwischen Opfer und Retter statt. Initiator ist dabei das Opfer, das bestätigt haben will, dass es arm ist und ihm niemand helfen kann. Es handelt sich dabei eindeutig um ein Machtspiel, welches das Opfer unbedingt gewinnen will.

Die Struktur dieser Inszenierung lässt sich so beschreiben: Das Opfer legt die sprichwörtliche Bananenschale aus, indem es ein Problem in den Raum stellt, und wünscht sich Lösungsvorschläge. Sobald der Retter einen Lösungsvorschlag bringt: „Warum probieren Sie nicht einmal XY?", ist er auf der Bananenschale schon ausgerutscht, denn jeder Lösungsvorschlag wird vom Opfer freundlich aufgenommen und mit einem „Ja, das habe ich schon probiert, aber das geht nicht, weil ..." goutiert. Der Retter schlägt ihm einen weiteren Lösungsweg vor: „Warum versuchen Sie es nicht mit ABC?" – und wieder wird das Opfer mehr oder weniger verzweifelnd antworten: „Ja, daran habe ich auch schon gedacht, aber das geht auch nicht, weil ..."

Indes müsste der geschulte Retter bemerkt haben, dass er so nicht weiterkommt. Er sollte nun im Optimalfall die Sache sein lassen und das Opfer in die Verantwortung nehmen. Dafür eignet sich ein Ausstieg aus dem Szenario nach folgendem Muster: „Oh, das tut mir jetzt leid, mir fällt tatsächlich nichts mehr ein. Ich wünsche Ihnen jedoch viel Glück, dass Sie das Problem doch noch lösen können."

Tut der Retter das nicht, sondern bleibt weiter mit dem Opfer im Inhalt hängen, fühlt sich vielleicht sogar geschmeichelt, weil er um Rat gefragt wird, dann werden ihm möglicherweise nach zehn Vorschlägen die Ideen ausgehen. In diesem Fall hat das Opfer gewonnen – und das ist das Einzige, was es wollte, denn es hatte nun mehrere Minuten, wenn nicht länger, die volle Aufmerksamkeit seines Gegenübers. Passiert so etwas in einem Workshop, gehört dem Opfer sogar die Aufmerksamkeit von zehn weiteren Teilnehmern, die interessiert nach Lösungen Ausschau halten. Damit kann schon mal eine ganze Stunde verplempert werden. Eine Stunde, die einem dann, ohne in dieser Angelegenheit zu einem Ziel gekommen zu sein, für das eigentliche Thema fehlt.

Erster Schritt:
Achten Sie auf die ersten Anzeichen. Stellt Ihnen eine unsicher wirkende Person die Frage: „Was soll ich nur tun?", oder beginnt sie einen Satz z. B. mit: „Ich weiß nicht, wie ich mich verhalten soll …", dann lenken Sie Ihre gesamte Aufmerksamkeit auf diese Situation und antworten Sie nicht nebenbei.

Zweiter Schritt:
Sie können einen Versuchsballon starten, um herauszufinden, ob Sie sich gerade im „Warum nicht? – Ja, aber!"-Spiel befinden, und einen Lösungsvorschlag präsentieren. Wird dieser sofort mit „Ja, aber das geht nicht, weil …" beantwortet, herrscht höchste Alarmstufe.

Dritter Schritt:
Entscheiden Sie, ob Sie das Spiel mitmachen wollen oder nicht. Wenn Ihnen die Person am Herzen liegt, ist auch nichts Verkehrtes daran, ein paar Runden mitzuspielen. Es kommt dabei auf Ihr Verhältnis zum Problemsteller an. Nervt Sie Ihr Gegenüber jedoch häufiger, können Sie denjenigen getrost im selbst geschaffenen Regen stehen lassen.

Vierter Schritt:
Falls Sie sich für Spielabbruch entscheiden, können Sie z. B. sagen: „Hm. Ich würde dies oder jenes tun." Kommt daraufhin wieder die Replik: „Ja, aber das geht nicht, weil ...", so bleiben Sie dabei: „Tja, dann kann ich dir auch nicht helfen. Ich würde es wirklich so machen. Tut mir leid, dass ich dir nicht mehr sagen kann."

Fünfter Schritt:
Falls all dies nicht zu einem halbwegs konstruktiven Gespräch führt, liegt es nicht an Ihnen. Wenn jemand ein Drama machen will, dann macht er eines. Selbst wenn Sie Gandhi wären, könnten Sie nichts dagegen tun. Sie haben nur den Trost: Sie können von diesem Menschen weggehen. Er jedoch geht mit sich nach Hause und hat sich selbst 24 Stunden am Tag. (Es ist immer das Gleiche!)

Kapitel 1.5   Torschlusspanik

Als Coach muss man hin und wieder einsehen, dass man manchen Leuten einfach nicht helfen kann. Solche Fälle sind eine gute Gelegenheit, um zu überprüfen, ob und wie sehr man in eine Retterdynamik verstrickt ist. Verschiedentlich müssen Menschen einfach ihre Erfahrungen machen, auch wenn der schlechte Ausgang der Aktion schon vorherzusehen ist.

So auch bei Jane Doe. Sie ist 32 Jahre alt, sehr hübsch, sehr gebildet, mit vielfachen Interessen, sehr materialistisch veranlagt und hat unzählige Beziehungen gehabt. Keine davon dauerte länger als drei Monate. Dabei wünschte sie sich nichts mehr als einen gut aussehenden (no na), gut verdienenden (ebenfalls no na), intelligenten (…), geistreichen (kein Kommentar) und – ganz wichtig – treuen (!) Erfolgstypen als Mann. Heirat unbedingt inkludiert, dann Kind, Haus und – nicht zu vergessen – einen Hund. So sah ihr Zukunftstraum aus. Warum auch nicht?

Nur hatte sie leider ein Händchen dafür, sich jedes Mal den Falschen zu angeln. Meistens erfüllte er maximal zwei Kriterien: „gut aussehend" und „gut verdienend". Um diese Männer zu halten bzw. sie zu animieren, sie als wertvolle und einzig wahre Partnerin zu akzeptieren, schmiss sie sich ihnen an den Hals und ging so früh wie nur irgend möglich mit ihnen ins Bett, in dem Glauben, das würde ihnen beweisen, was für eine wundervolle Frau sie war.

Wie Sie sich vorstellen können, wirkte das eher abschreckend auf die Männerwelt, was diese jedoch nicht daran hinderte, zumindest die Bettqualitäten Janes auszuloten. Gratis-Sex ist immer gut. Erschwerend kam Janes stark ausgebildete Eifersucht hinzu, die aus einem Minderwertigkeitsgefühl erwuchs, weil sie sich auch noch zu pummelig vorkam. Nach jedem Date, das hauptsächlich geprägt war von Gesprächen über ihre Figur, die außer ihr eigentlich niemand bekrittelte, und peinlichen Befragungen bezüglich der Anzahl der Frauen, mit denen der Herzbube in der letzten Zeit Kontakt hatte, landeten sie im Bett. Aber irgendwann wurde es jedem der Herren zu dumm, und sie verschwanden durch die Mitte.

Jane war wegen dieser Geschichten schon öfter bei mir gewesen, um an ihrem Selbstwert zu arbeiten und ihre Verhaltensmuster in Bezug auf Männer zu modifizieren.

Das schien auch gelungen zu sein, denn ich sah sie fast ein Jahr nicht mehr. Doch eines Tages buchte sie wieder einen Termin, und was ich zu hören bekam, überraschte mich im ersten Moment, aber im zweiten schon wieder nicht mehr. Sie hatte ihn kennengelernt! Den Traummann! Jawoll! Endlich! Gut aussehend, gebildet, gut verdienend, intelligent und geistreich und (voraussichtlich) treu. Gratulation! Leider fehlten auf ihrer Kriterienliste die Punkte „nicht eifersüchtig" und „gewaltfrei". Na ja. In puncto Eifersucht standen sie sich in nichts nach. Da könnte man sagen, dass sich das ausgleichen würde. Das mit dem „gewaltfrei" war aber schon ein Thema.

Nicht, dass er sie schlug! Nein, dazu war er viel zu distinguiert. Verbal war er jedoch im wahrsten Sinne des Wortes „wortgewaltig" und ließ, wenn er schlecht drauf war, auch in Gegenwart von Freunden unsägliche Verbalattacken auf sie einprasseln, die meist untergriffig wurden und sich hauptsächlich auf ihre Figur bezogen, weil er wusste, dass das ihr wundester Punkt war. In den nächsten sechs Monaten kam sie regelmäßig zu den Sitzungen, um herauszufinden, was sie tun sollte. Sie hatte das Gefühl, ihre biologische Uhr würde ticken, und sie wollte ja unbedingt ein Kind. Wie kriegt man also diesen Mann dazu, sich zu verändern? Die Antwort ist leicht: Gar nicht.

Ich hatte ihr schon mehrmals geraten, sich zu trennen, weil sie sich aus meiner Sicht nur unglücklich machen würde. Sie waren nun schon fast neun Monate zusammen und es wurde nicht besser. Eine Trennung hatte sie schon mehrmals versucht, aber jedes Mal kroch er zu ihr zurück, mit den blumigsten Versprechungen. Dann fielen sie einander wieder in die Arme und alles begann von vorne. Ein sehr schmerzhafter Prozess.

Eines Tages jedoch gab es eine Veränderung ...

„Hallo Jane, wie geht es Ihnen?", begrüße ich Jane, die diesen Dienstag, im Gegensatz zu der letzten Sitzung vor einer Woche, strahlend schön und gut gelaunt war. „Sie werden es nicht glauben, Frau Haltmeyer", grinst sie über das ganze Gesicht, „ich habe ihn endlich und endgültig verlassen." Jubel! „Das finde ich ganz toll", lobe ich sie, „und wie geht es Ihnen damit?" „Ausgezeichnet", ruft sie aus, „ich fühle mich so befreit!" „Wann ist das passiert?", will ich wissen.

„Am Sonntag", erzählt sie, „nach dem Frühstück ist er wieder ausfällig geworden und da habe ich ihm gesagt, dass das so keinen Sinn hat, habe ihm seine Sachen gepackt und ihn rausgeschmissen. Klar haben wir uns noch so richtig gefetzt, aber dann ist er tatsächlich gegangen." „Hervorragend", gratuliere ich ihr. Es folgen noch jede Menge Details, was er ihr nicht alles angetan hätte, doch die erspare ich Ihnen an dieser Stelle. Jane ist stolz auf sich und hat jedes Recht dazu. Ich freue mich auch für sie und so scheint alles in bester Ordnung.

Wie erwähnt, war das an einem Dienstag. Am darauffolgenden Freitagnachmittag, also drei Tage später, läutet mein Telefon und am Apparat ist – Sie haben es sicher schon erraten – Jane Doe. Den Grund ihres Anrufes erraten Sie jedoch nie im Leben.

„Frau Haltmeyer", tönt es euphorisch durch die Leitung, „ich habe eine Bitte an Sie!" Ich werde neugierig. „Was kann ich für Sie tun?", frage ich gespannt. „Könnten Sie sich den 24. April am Nachmittag freihalten?", säuselt eine entspannt und glücklich klingende Jane. „Sie meinen heute in vier Wochen?", erkundige ich mich. „Ja, genau!", antwortet Jane. „Um 14:00 Uhr." Ich bin nicht ganz sicher, was sie von mir will. „Brauchen Sie einen Termin?", frage ich. Sie kichert wie ein kleines Mädchen. „Nein!", ruft sie, vollkommen aus dem Häuschen. „Ich heirate am 24. April um 14:00 Uhr, und Sie haben so viel für mich getan, ich hätte Sie gerne dabei!" Was war das? Heiraten? Hab ich das richtig gehört?

„Äh – wie war das?", frage ich ungläubig. „Sie HEIRATEN?" „Ja!", lacht sie. „Ist das nicht toll?" Hm. Kommt drauf an. Sie wird doch nicht etwa … Nein, das kann nicht sein. Oder doch? Nein, sicher nicht. „Und wer ist der Glückliche?", versuche ich gedehnt herauszufinden, obwohl eine grausame Ahnung in mir aufsteigt. „Na, John natürlich!", singt sie beschwingt ins Telefon. Die ersten vier Töne von Ludwig van Beethovens 5.

Symphonie (auch „Schicksalssymphonie" genannt) schießen mir durch den Kopf.

„Wie ist denn das jetzt passiert?", stammele ich. „Das war so", schildert Jane die Ereignisse, „er rief mich am Mittwoch an und meinte, dass er am Donnerstag, also gestern, noch die letzten Sachen abholen will. Als er kam, hatte ich schon alles hergerichtet und wollte gar nicht mit ihm reden." Wäre auch besser gewesen. „Da hat er sich ganz lieb entschuldigt und versprochen, dass so etwas nie wieder vorkommt." Das hatten wir doch schon?

„Und dann hat er einen ganz fantastischen Ring hervorgezaubert und mich gefragt, ob ich seine Frau werden will! Und ich hab spontan JA gesagt. Ist das nicht großartig?" Finde ich nicht. „Heute waren wir schon auf dem Standesamt", fährt sie fort, „und haben das Aufgebot bestellt. Wir wollen nicht mehr warten und haben den erstbesten Termin genommen. Das ist der 24. April. Werden Sie dabei sein?"

Darauf kann sie sich verlassen, dass ich mir das live anschaue. „Sie wissen aber schon", mache ich sie aufmerksam, „dass das keine gute Idee ist. Ich bin nicht davon überzeugt, dass Ihnen das guttut." „Ja", kichert sie wieder, „das sagen alle. Alle meine Freundinnen glauben, ich habe einen Vogel." Ich auch übrigens. „Aber ich MUSS es einfach tun! Verstehen Sie?" Nein, eigentlich nicht. Aber bitte. Jeder muss seine Erfahrungen machen. „Er wird so etwas sicher nie wieder tun. Wir werden es so schön haben!" Sie schwelgt im Glück. „Überlegen Sie sich das bitte gut", sage ich eindringlich. „Das habe ich!", trällert sie.

Die Hochzeit war so glanzvoll, wie eine standesamtliche Hochzeit nur sein kann. Die Scheidung sechs Monate später eher nicht so. Sie war praktisch fünf Minuten nach der Trauung schwanger geworden. Die ersten Wochen der Schwangerschaft verliefen problematisch, was dem narzisstisch veranlagten Vater nicht so gefiel, weil Jane sich seiner Meinung nach zu wenig um ihn kümmerte.

Nach einer Kontrolluntersuchung beim Arzt, wohin der werdende Vater sie begleitete, bot ein junger Mann der schwangeren Jane in der U-Bahn einen Sitzplatz an. Das war zu viel für John. In der Meinung, sie hätte schon seit Längerem ein Verhältnis mit dem Herrn und das Kind sei womöglich nicht von John, knallte er ihr vor allen Leuten eine und beschimpfte sie als Hure. Sie ließ sich, im siebten Monat schwanger, scheiden.

Als das Baby geboren war, verlangte er einen Vaterschaftstest, der bestätigte, dass er der Vater war.

Einige Zeit lebte Jane allein. Sie kam regelmäßig ins Coaching und man konnte erkennen, dass sie nun wirklich an Veränderung interessiert war. Wir arbeiteten sehr intensiv und waren beide der Meinung, dass sie nun auf einem guten Weg war. Sie war jetzt viel weniger exaltiert, wirkte sehr authentisch, so als hätte sie ihre innere Mitte gefunden. Bald darauf erzählte sie mir, einen Mann kennengelernt zu haben, der zwar nicht so gut aussah, nicht so gut verdiente, kein Haus hatte, dafür aber einen Hund, und dem egal war, wie sie aussah – außerdem liebte ihr Kind ihn über alles. Seither führen die beiden eine stabile Beziehung.

Zu guter Letzt also doch noch ein Happy End.

Der eine oder andere von Ihnen hat jetzt vielleicht den Kopf geschüttelt über Janes Entscheidung. Oder vielleicht haben Sie ja sogar einen ähnlichen Fall in Ihrem Bekanntenkreis? Möglicherweise haben Sie sich schon öfter an den Kopf gegriffen, ob der scheinbaren Dummheit und Lebensunfähigkeit gewisser Personen?

„Mit vollen Hosen ist leicht stinken", hätte meine Großmutter gesagt, und sie hätte Recht gehabt. Als unbeteiligter Beobachter von außen scheint es leicht, zu erkennen, was richtig ist. Wobei sich die Frage stellt: Können wir überhaupt wissen, was richtig ist und was falsch? War es wirklich falsch, John zu heiraten? Ich persönlich würde sagen: Nein. Vielleicht war genau das die auslösende Entscheidung, die sie im Anschluss dazu gebracht hat, nachhaltig etwas in ihrem Leben zu verändern. Möglicherweise hätte sie nie darüber nachgedacht, wenn sie John nicht geheiratet hätte. Außerdem ist aus dieser Verbindung ihr Sohn hervorgegangen, den sie liebt und der eine tolle Mama bekommen hat.

Ich kenne einige Menschen, die eben lieber oder notwendigerweise auf die harte Tour lernen. Mit genügend Retterdynamik im Gepäck ist es nur nicht leicht, dabei zuzuschauen. Schließlich wollen wir denjenigen ja beschützen, und wie immer wollen wir nur das Beste für ihn.

Meine Aufgabe als Coach ist es, Alternativen aufzuzeigen oder vor Risiken und Nebenwirkungen zu warnen. Meine private Meinung dazu ist vollkommen unerheblich. ICH hätte den Typen nicht geheiratet – aber selbst das kann ich nicht mit Fug und Recht behaupten, denn ich habe selbst beim ersten Mal voll danebengehauen, obwohl mir alle abgeraten haben. Aber ich war jung und wollte es allen zeigen. Wer bin ich also, dass ich mir anmaße, ihr zu sagen, was richtig ist? Was man am Ende am wenigsten brauchen kann, ist jemand, der einem erklärt: „Ich habe es dir doch gleich gesagt!", oder: „Siehst du, wie Recht ich hatte?" Solche Aussagen helfen nicht. Wenn man ein echter Freund ist oder wirklich helfen will, dann steht man dem Betroffenen bei, indem man gemeinsam mit ihm die Scherben aufsammelt, und unterstützt ihn darin, mit den Konsequenzen umzugehen. Alles andere wäre Anmaßung – und Sie wissen ja, in welcher Dramaecke die zu Hause ist.

Was die Bewertung von Entscheidungen angeht, möchte ich Ihnen eines mitgeben: Es gibt keine falschen oder richtigen Entscheidungen, es gibt nur solche, deren Konsequenzen man am Ende des Tages nicht tragen will. Jede Entscheidung ist richtig, wenn Sie bereit sind, aus den Konsequenzen zu lernen. Bedenken Sie bitte auch: Die schlechtesten Entscheidungen sind die, die man nicht trifft. Auch diese haben Konsequenzen, die man möglicherweise nicht tragen will. Besser also, Sie treffen eine schlechte Entscheidung, als gar keine.

Wie können Sie sich nun adäquat verhalten, wenn Sie der Meinung sind, dass jemand aus Ihrem Umfeld gerade sehenden Auges in sein Unglück rennt?

Erster Schritt:
Teilen Sie demjenigen ruhig und sachlich Ihre Beobachtung mit.

Zweiter Schritt:
Machen Sie die Person auf etwaige Konsequenzen aufmerksam.

Dritter Schritt:
Sollten Sie nach Rat gefragt werden, geben Sie diesen, aber erheben Sie nicht den Anspruch, dass ihr Gegenüber auch danach handelt. Wenn Ihnen dieser Mensch wirklich am Herzen liegt, unterstreichen Sie, dass Sie auch für ihn da sein werden, wenn das Projekt schiefgeht.

Vierter Schritt:
Sollte Ihre Empfehlung nicht befolgt werden, akzeptieren Sie das ohne Vorwürfe und Prophezeiungen wie: „Du wirst schon sehen!" Und wenn das Projekt tatsächlich scheitert, quälen Sie denjenigen nicht mit: „Ich hab es dir doch gesagt! Hättest du bloß auf mich gehört!"

Fünfter Schritt:
Falls all dies nicht zu einem halbwegs konstruktiven Gespräch führt, liegt es nicht an Ihnen. Wenn jemand eine Entscheidung treffen will, die ihm nicht guttut, dann trifft er diese, trotz aller Warnungen. Selbst wenn Sie Gandhi wären, könnten Sie nichts dagegen tun. Sie haben nur den Trost: Sie haben diesem Menschen eine Gelegenheit gegeben, etwas zu lernen. Und das hätte auch Gandhi getan.

Teil 2 Sachen gibt's! –
Rund ums Seminar

Wie ich schon erwähnt habe, bin ich seit 2001 als Trainerin tätig, und zwar einerseits in der privaten Erwachsenenweiterbildung und andererseits in der Mitarbeiter- bzw. Führungskräfteweiterbildung für Firmen. Um nach der Ausbildung möglichst rasch zu viel aussagekräftiger Praxis zu kommen, war ich zudem über sechs Jahre als Trainerin und Coach im arbeitsmarktpolitischen Kontext tätig. Das war ein Vollzeitjob. An den Abenden und Wochenenden hielt ich die privaten Seminare, für die anderen Firmenseminare nahm ich mir frei. (Nur für den Fall, dass Sie sich jetzt fragen, wie ich das alles unter einen Hut gebracht habe.)

Die Trainings im AMS-Kontext waren eine harte Schule, aber wenn man das jahrelang aushält, hält man so ziemlich alles aus. Wobei ich diese Zeit unter keinen Umständen missen möchte, denn ich habe sehr viel Dankbarkeit und Interesse erfahren dürfen. In diesen sechs Jahren habe ich hauptsächlich angenehme Gruppen mit angenehmen Menschen erleben dürfen.

Trotzdem gab es immer wieder Spezialfälle, an die ich mich gerne zurückerinnere, weil sie meinen Alltag durch besondere Einfalt oder Denkeinschränkung erhellt haben.

Kapitel 2.1   Der Tellerrand

Jane Doe ist 23 Jahre alt, stammt aus gut bürgerlichem Haus und kleidet sich eher konservativ, aber dennoch schick. Sie kommt jeden Tag äußerst pünktlich und korrekt gekleidet, nimmt mehr oder weniger aktiv am Training teil und hat alle Bewerbungsunterlagen pipifein beisammen. Sie hat eine Lehre als Bürokauffrau mit ausgezeichnetem Erfolg abgeschlossen und war als Sachbearbeiterin in einer Firma tätig, bis diese in Konkurs ging. Ich war der festen Überzeugung, sie würde innerhalb kürzester Zeit etwas Adäquates finden. Doch Wochen später ...

„Na, Frau Doe, wie läuft es mit den Bewerbungen?", frage ich, als ich Frau Doe im Stellenmarkt blättern sehe. „Na ja", meint sie zögerlich, „ich hab schon eine rausgeschickt, aber noch keine Antwort erhalten." Was war das? „Sie meinen, Sie haben heute eine verschickt, per E-Mail, und noch keine Antwort bekommen?", frage ich zur Sicherheit nach. „Nein, seit ich hier im Kurs bin!" Sie schaut mich verständnislos an. Alarm! Da kann etwas nicht stimmen!

Bevor ich noch etwas sagen kann, setzt sie hinzu: „Außerdem gibt es kaum Stellen für mich in der Zeitung." Ich kann es nicht glauben. Ich nehme die Zeitung zur Hand und schon purzeln die Stellenanzeigen für Assistentin/Sekretärin nur so heraus. „Haben Sie die nicht gesehen?", frage ich, mühsam meinen Zorn verbergend. Sie lächelt milde, als müsse sie Geduld mit mir haben. „Natürlich habe ich die gesehen, aber das suche ich ja nicht", erklärt sie mir.

Die Verwirrung ist bei mir komplett. „Ah, nicht?", rutscht es mir heraus. „Was suchen Sie denn?" Wieder dieses milde Lächeln. „Ich suche nur nach einer Stelle als Bürokauffrau!" Ich schnappe nach Luft. Anscheinend bin ich wirklich zu doof für diese Welt, also muss ich wieder fragen: „Wo ist denn da bitte der Unterschied?" Die Antwort kommt prompt: „Als Assistentin oder Sekretärin muss man telefonieren, hab ich gehört, das will ich aber nicht. Als Bürokauffrau nicht." Ich stürze mich auf die Frau und würge sie, bis sie blau wird. – Nein! Natürlich nicht!

Ich denke an meine Erleuchtung, sage selbst zu mir das energetische „Oooooohm" und erkläre ihr haarklein und ruhig, dass das ein vollkommener Schwachsinn ist. Ich beschreibe ihr die Berufsbilder und dann scheint sie es verstanden zu haben. Aber da war doch noch etwas? Ah ja!

„Und wieso haben Sie erst eine Bewerbung weggeschickt? Da sind ja auch mindestens drei Anzeigen für Bürokauffrau in der letzten Zeit gewesen", frage ich nach. Sie seufzt und verdreht die Augen. „Na, ich kann doch nicht zwei gleichzeitig abschicken! Ich muss doch warten, bis ich von der einen Firma eine Antwort habe. Sonst habe ich plötzlich zwei Zusagen! Was mach ich denn dann?" Das darf nicht wahr sein!

Ich versuche, ihr klarzumachen, dass es Schlimmeres gibt, als gleichzeitig zwei Angebote von Firmen zu haben, dann könne sie es sich wenigstens aussuchen. „Na gut", meint sie, „dann schreib ich halt noch welche!" Wird gut sein.

Ich blättere den Stellenmarkt durch und finde tatsächlich eine Stelle als Bürokauffrau, die genau ihrem Profil entspricht. „Hier", ich lege ihr die Anzeige hin, „das wär doch was!" Sie wirft einen Blick auf das Inserat und schüttelt den Kopf. „Nein", sagt sie, „das geht nicht." Häh? „Wieso nicht?", frage ich ungläubig. „Das ist im 17. Bezirk. Da arbeite ich nicht." Sakra! Was ist jetzt wieder los? „Erklären Sie mir das", bitte ich sie, „Sie wohnen doch im 16. Bezirk, das ist gar nicht weit von Ihnen zu Hause!" Sie zeigt offene Verwunderung. „Ja, ich weiß! Aber im 17. Bezirk wohnt mein Exfreund."

Ich finde, das ist ein eindrucksvolles Beispiel dafür, wie man sich selbst einschränken kann. Und dazu muss man schon einiges tun, damit das wunderbar klappt.

Bei den folgenden Betrachtungen hilft die Kommunikationsmethode des NLP (Neuro-Linguistisches Programmieren) sehr gut. Sollten Sie gehört haben, dass NLP eine manipulative Methodik ist und in Wahrheit eine Sekte, und sollten Sie das auch noch glauben, ist jetzt ein guter Zeitpunkt, das Buch zuzuklappen, damit Sie nicht verseucht werden. Sollten Sie dennoch weiterlesen, übernehme ich keine Verantwortung für Ihre geistige Sicherheit!

Ja, NLP ist manipulativ. Genauso wie jede Kommunikation manipulativ ist. Schließlich versucht man manchmal, jemanden zu überzeugen, um etwas zu erreichen. Man lügt usw. Das ist auch Manipulation. Sogar NICHT-Kommunizieren ist manipulativ. Wenn man mit seinem Partner drei Tage lang nicht redet, weil man sauer ist, ist das höchst manipulativ. Ich glaube also, dass wir darüber nicht weiter reden müssen. Entscheidend ist nämlich, mit welcher Absicht wir das NLP bzw. die Transaktionsanalyse einsetzen: Haben wir die Absicht, etwas Gutes für beide Seiten zu erreichen, also Win-win-Situationen zu schaffen, oder wollen wir unser Gegenüber in irgendeiner Form über den Tisch ziehen, also Win-lose-Situationen kreieren?

Nachdem wir das also geklärt haben, zurück zu unserem eigentlichen Thema. NLP arbeitet sehr stark mit Wahrnehmungsgenauigkeit, um die Welt nachvollziehbarer zu machen. Dabei ist es wichtig, sich möglichst auf die tatsächliche Wahrnehmung der Sinne zu beschränken. Eine Interpretation dieser Wahrnehmung wird weitestgehend vermieden.

Deshalb ist NLP eine sehr friedvolle Methodik, weil Situationen einfach wahrgenommen werden, aber nicht interpretiert und somit be- oder verurteilt.

Die Welt könnte so schön sein! Wenn wir nicht dauernd alles deuten würden. Sehr oft bewerten wir Situationen so, dass wir uns damit selbst im Weg stehen. Ähnlich wie in dem Witz, wo ein Mann auf der Straße eine Bananenschale liegen sieht und sich denkt: „Verdammt, jetzt werde ich gleich ausrutschen!" Ein NLPler hingegen würde die Bananenschale sehen und sich denken: „Oh, da liegt eine Bananenschale." Punkt.

Wie der Mann, der sich beim Anblick einer Bananenschale bereits ausrutschen sieht, verhält sich auch Frau Doe bei ihrer Jobsuche. Sie liest eine Stellenanzeige und sobald das Wort „Assistentin" oder „Sekretärin" auftaucht, interpretiert sie für sich, dass das ein Telefonjob ist. Woher sie diese Weisheit hat, ist unklar und auch egal. Mag sein, dass ihr das einmal jemand erzählt hat. Mag auch sein, dass sie es selbst erlebt hat. Aber ein

Erlebnis allein darf eigentlich nicht ausreichen, um für immer diese Meinung zu haben.

Wissen Sie, wie oft ich den Satz gehört habe: „Bei dem Unternehmen brauch ich gar nicht anzurufen, die haben sicher schon jemanden aufgenommen"? Unzählige Male. Doch das ist reine Spekulation und Interpretation. Rufen Sie an und probieren Sie es aus. Ja, kann sein, dass die Stelle schon vergeben ist, aber dann haben Sie jedenfalls Fakten und nicht nur Vermutungen.

Die nächste Problematik ist, dass wir uns oft zu sehr auf eine Sache fokussieren, wodurch uns diese Sache im Alltag häufiger auffällt und alles andere ausgeblendet wird. Das haben Sie sicher schon erlebt: Sie kaufen sich ein neues Auto, extra in rot, weil das keiner hat. Kaum fahren Sie aus dem Autohaus, haben plötzlich viele ein rotes Auto. Frechheit aber auch! Es fällt Ihnen aber nur deshalb auf, weil Sie Ihren Fokus darauf richten.

Frau Doe hatte ihren Fokus auf Stellenanzeigen gelegt, die NICHT im 17. Bezirk sind und auf „Assistentin" und „Sekretärin" lauten. Deshalb fielen ihr die anderen Anzeigen, die auch in Frage gekommen wären, gar nicht auf.

Was kann man also tun, um nicht in die Interpretationsfalle zu gehen?

Erster Schritt:
Schärfen Sie grundsätzlich Ihre Sinne! Moment, welche waren das nochmal? Aber hallo! Das ist Stoff der Volksschule! Daran werden Sie sich ja wohl noch erinnern! Also: Sehen, Hören, Tasten, Riechen, Schmecken.

Und jetzt das Ganze mit lateinischen Ausdrücken, Sie wollen ja schließlich spätestens am Ende des Buches erleuchtet sein: visuell, auditiv, kinästhetisch (dazu gehört übrigens auch das Bauchgefühl), olfaktorisch und gustatorisch.

Genießen Sie mehr, was Sie sehen, hören, spüren, riechen und schmecken – und sofort wird Ihnen das Leben intensiver vorkommen. Vor allem im Sommer in der U-Bahn ohne Klimaanlage.

Zweiter Schritt:
Wenn Sie bemerken, dass Sie beginnen, etwas zu interpretieren, wie z. B.: „Der hat mich jetzt bös angeschaut, der mag mich sicher nicht", dann halten Sie kurz inne und denken noch einmal nach. Was haben Sie tatsächlich gesehen, gehört …? Lässt sich daraus wirklich ableiten, dass derjenige Sie nicht mag? Es kann Millionen Gründe geben, warum er gerade so geschaut hat.

Dritter Schritt:
Öffnen Sie Ihren Geist und lassen Sie andere Möglichkeiten zu.

Kapitel 2.2 Babylonische Sprachverwirrung

Während meiner Ausbildung lernte ich eine Kommilitonin kennen, mit der ich mich auf Anhieb gut verstand. Nicht nur, dass sie in meinen Augen höchst attraktiv war, mit ihren ellbogenlangen Haaren, sie war auch sehr mutig in ihrer Kleidung, manchmal sogar etwas zu aufreizend und eigenartig. Sie konnte aber auch durch enorme Bildung punkten und war im Großen und Ganzen eher eine Hippie-Erscheinung mit eben diesen Weltanschauungen.

Sie arbeitete auch im sozialen Bereich und wir führten oft stundenlange Unterhaltungen. Was mir jedoch auffiel, war, dass viele Menschen um sie einen größeren Bogen machten oder sich insgeheim über sie lustig machten bzw. sie irgendwie für verrückt hielten. Ich konnte mir das lange nicht erklären.

Nach der Ausbildung verloren wir uns aus den Augen. Jahre später traf ich sie wieder und es war so, als hätten wir uns erst vor Kurzem das letzte Mal gesehen. Sie war immer noch so ein bisschen schräg drauf, auch mit ihrer Kleidung usw., aber das tat meiner Sympathie keinen Abbruch. Sie interessierte sich für die Lebensberater-Ausbildung, die ich anbiete, und beschloss dann, mitzumachen. Ich freute mich sehr, denn auch mein Lehrgangsleiter kannte sie noch von früher, und ich war fest davon überzeugt, dass das eine wunderbare Zeit mit ihr werden würde. Wir würden eine Menge Spaß und viel Austausch haben.

Doch ich sollte mich irren …

„Astrid, kann ich dich kurz sprechen?", tippt mich mein Lehrgangsleiter Wolfgang mit ernsthafter Miene an. Da Wolfgang gerade in Lehrgängen immer gut gelaunt ist, kann diese Miene nichts Gutes verheißen. Mir schwant Schlimmes. „Worum geht es?", frage ich vorsichtig.

„Wir haben ein Problem mit Jane", erläutert mir Wolfgang. „Die Gruppe kommt einfach nicht mit ihr zurecht, weil sie dauernd irgendwelche seltsamen und extremen Geschichten erzählt. Und, ehrlich gesagt, für mich ist es auch schwierig, das alles zu glauben." Ich bin baff. „Das ist aber höchst eigenartig", wundere ich mich, „so kenne ich sie gar nicht. Ich hab noch nie Schwierigkeiten mit ihr gehabt. Wenn man von ihrer Exaltiertheit absieht, ist sie doch sehr fähig." Wolfgang schaut mich mit einem zweifelnden Blick an. Über seinem Kopf schweben mindestens drei unsichtbare, blinkende Fragezeichen und ein Rufzeichen.

„Dann schau dir das selbst an", meint er. Das kann er gerne haben. Ich setze mich also am Nachmittag in die Gruppe, und wie das nun immer so ist mit dem Vorführeffekt, läuft natürlich alles glatt. In der Pause spreche ich Wolfgang darauf an: „Was willst du? Das geht doch eh."

Wolfgang verdreht die Augen. „Das ist jetzt Zufall", grummelt er. Ja, sicher. Als ob es so etwas geben würde.

Der Kurs geht weiter und in dem Moment, als ich mir denke, dass ich noch ein bisschen bleiben, aber dann wieder gehen will, passiert es. Es geht gerade um das Thema „Ethik und Berufsethik", als Jane sich zu Wort meldet.

Sofort gibt es Geraune in der Gruppe, einige verdrehen die Augen, manche seufzen gequält. Jemand fällt plötzlich ein, dass er ganz dringend auf die Toilette muss, andere kramen ihr Handy heraus und checken ihre E-Mails. Jane setzt an: „Also ich muss schon sagen, ich habe so meine ethischen Richtlinien, die ich nicht verlassen kann. Egal, wie sehr jemand Hilfe braucht." Aha. Und die wären? „Ich hatte z. B. einmal einen Massenmörder in einem meiner Kurse, und …", sie wird durch einen lauten Lacher unterbrochen, andere schütteln den Kopf.

Wolfgang raunt mir zu: „Weißt du jetzt, was ich meine?" Ich nicke, bleibe aber ruhig, denn mir wird gerade klar, was da läuft. „Ach, halte doch endlich deine Klappe!", legt ihr der Sitznachbar lautstark nahe. „Deine Lügengeschichten sind ja nicht zum Aushalten!" Jane starrt ihn frappiert an, blickt dann zu mir um Unterstützung.

„Erzähl weiter", fordere ich sie auf, um mir mehr Informationen zu holen. „Für den war einfach kein Job zu finden!", ruft sie. Kann ich mir vorstellen. Massenmörder stellt man ungern ein. „Und mir sind solche Menschen einfach zuwider, deshalb konnte ich ihm auch nicht weiterhelfen", fährt sie fort. Der arme Massenmörder! „Genauso ist es mir mit einer Kindesmörderin ergangen. Die hatte schon zwei Kinder und wollte halt das dritte nicht", geht die Geschichte weiter. Ich sehe, wie sich ein paar Teilnehmer angewidert wegdrehen, gähnen oder mühsam ihren Ärger verbergen. Nur ist die Story leider noch nicht zu Ende. Wolfgang sitzt mit versteinertem Gesicht da und wetzt auf seinem Sessel herum. „Ich kann das nicht verstehen und stehe auch nicht hinter solchen Leuten, also müssen sie sich jemand anderen suchen, der das kann", beendet sie ihre Ausführungen.

Ein Mann springt auf und schreit sie an: „Kannst du uns bitte mit diesen Geschichten verschonen, ich speib' gleich! Wenn du nichts Sinnvolles zum Kurs beitragen kannst, dann lass es bleiben!" Jane ist verwirrt und gekränkt, schaut mich Hilfe suchend an und sagt in einem verzweifelten Ton zu mir: „Die verstehen mich alle nicht! Niemand tut das. Deshalb gehen mir alle aus dem Weg. Ich weiß nicht, was ich falsch mache! Warum verstehen sie mich nicht?"

Ich muss lächeln und versichere ihr dann: „Ich verstehe dich sogar sehr gut." Bamm. Alle Augen richten sich auf mich. Stille. Wenn ich jetzt gesagt hätte, ich komme vom Jupiter, wäre es auch nicht anders gewesen. Wolfgang sieht mich von der Seite an und fragt sich wahrscheinlich gerade, ob ich Drogen genommen habe.

Jane wirkt etwas erleichtert, hat jedoch Tränen in den Augen. „Leute", spreche ich die Gruppe an, „manchmal hört sich etwas wie Deutsch an, es ist aber nicht 100%ig Deutsch. Jane verwendet eine bildhafte Metaphernsprache, die ihr persönliches Weltbild widerspiegelt. Das kann zugegebenermaßen für andere anstrengend werden, die zuhören und das erst übersetzen müssen. Ich tippe jetzt einmal darauf, dass der Massenmörder ein ehemaliger Soldat ist und die Kindesmörderin eine Frau, die eine Abtreibung hinter sich hat."

Der Gruppe steht der Mund offen. Jane ist auf einmal ganz aufgeregt und wirft ein: „Ja, genau! Es war ein bosnischer Soldat, der nach dem Krieg nach Österreich gekommen ist, und die Frau ist ungewollt mit dem dritten Kind schwanger geworden, und weil ihr Mann auch arbeitslos war, hat sie es abgetrieben."

Traraa! Voll ins Schwarze. „Nur, für mich ist das Leben so viel wert", fügt sie hinzu, „ich kann das nicht nachvollziehen."

Die Gruppe ist plötzlich viel ruhiger und freundlicher zu Jane. Man kann fast sehen, wie es in den Gehirnen rattert, um die Analogien aus ihren früheren Geschichten herauszufinden. In der Pause ist Jane umringt von Teilnehmern, die ihre Art zu sprechen plötzlich höchst interessant finden. Nachdem das also geklärt ist, verabschiede ich mich von der Gruppe mit einem meiner Lieblingszitate: „Der Geist öffnet sich und langsam krabbelt die Weisheit hinein." (Lwaxana Troi, Tochter des Fünften Hauses, Hüterin des Kelches von Rixx, Erbin der heiligen Ringe von Betazed.)

Wieso ich von Anfang an ihre Sprechweise verstanden habe, kann ich nicht sagen. Ein Grund erscheint mir realistisch und am wahrscheinlichsten: Ich WOLLTE sie immer verstehen. Ich habe Jane immer faszinierend gefunden, weil sie so exzentrisch war und sich Dinge traute, die ich mich nicht traute. Vielleicht wollte ich ein Stück weit so sein wie sie.

So weit muss es natürlich nicht gehen, wenn man sinnvoll und effektiv kommunizieren will. Tatsache ist jedoch, legt man das NLP zugrunde, dass jeder Mensch seine eigene Realität und damit sein eigenes Weltbild hat. Dies ist sogar eine Grundannahme im NLP, die original so lautet: Die Landkarte ist nicht das Gebiet. (Dies nur der Vollständigkeit halber.)

Somit hat auch jeder Mensch seine eigene „Sprache", sein eigenes Vokabular, seine eigene Rhetorik. In Wien sagen wir z. B., wenn es 14:45 Uhr ist: „Es ist drei viertel drei." Je weiter man in den Westen Österreichs kommt, desto weniger können die

Einwohner damit etwas anfangen. Bei ihnen würde es nämlich heißen: „Es ist Viertel vor drei." Jetzt könnten alle Wiener sagen: „Wie blöd sind die denn?", und weiterhin ihre Version verwenden, aber damit würden sie jedes Mal auf Unverständnis stoßen. Vielleicht könnten sie auch probieren, die Wiener Version lauter zu wiederholen. Manche Leute sollen glauben, dass der Tiroler das Gesagte dann besser versteht – was übrigens nicht der Fall ist, wie ich aus Erfahrung weiß.

Es bleiben also nur mehr zwei Möglichkeiten im Umgang mit diesen Exoten:

a) Wir halten sie weiter für Hinterwäldler und finden, dass bei denen Hopfen und Malz verloren ist.
b) Wir erklären es ihnen.

Interessanterweise fällt es uns bei „echten" Fremdsprachen leichter, so zu denken. Sobald uns jemand in Englisch anredet, kramen wir unsere paar Brocken Englisch hervor, die wir in der Schule gelernt haben. Wir erklären mit Händen und Füßen, streuen ein paar englische Wörter ein und kommen sogar auf einen grünen Zweig. Warum funktioniert es hier, aber in der vorher beschriebenen Situation nicht?

Treffen wir auf einen Nicht-Muttersprachler, so haben wir ein implizites Verständnis dafür, dass nicht jeder dieselbe Sprache spricht, und wir haben den Willen, uns trotzdem miteinander zu verständigen.

Wenn wir hingegen die gleiche Muttersprache sprechen, unterstellen wir automatisch, dass wir auch die gleichen

Bezeichnungen verwenden, was nicht unbedingt stimmen muss.

Dasselbe ist im Umgang mit Jane geschehen. Ihre Aussagen wurden als ermüdendes und überzogenes Lügengeschwafel abgetan, anstatt einmal zu fragen, was oder wie sie das denn meinen könnte.

Wie wird man nun ein Meister der Kommunikation?

Erster Schritt:
Hören Sie Ihrem Gesprächspartner genau zu (das sollte ganz gut funktionieren, wenn Sie meinen Rat beherzigt haben, Ihre Sinne zu schärfen) und achten Sie auf seine Wortwahl. Vielleicht gibt es ja Lieblingswörter oder Phrasen, die er immer wieder verwendet?

Zweiter Schritt:
Kommen Sie Ihrem Gesprächspartner entgegen, indem Sie hin und wieder seine Lieblingswörter etc. in Ihre Sätze einstreuen.

Mit einem Fachbegriff nennen wir das „Pacen" oder auch „Spiegeln". Sie brauchen sich dabei keine Gedanken zu machen, ob sich Ihr Gegenüber dadurch nachgeäfft vorkommt. Tut er nämlich nicht, weil er es nicht bemerkt, solange Sie nicht übertreiben. Im Gegenteil. Irgendwie wird ihm Ihre Sprache plötzlich sehr vertraut vorkommen und seine Gesprächsbereitschaft wächst.

Es gibt auch noch mehr zu pacen als nur die Sprache. Sie können auch die Körperhaltung nachahmen, was noch mehr Eindruck auf den anderen machen wird. Sogar mit der Kleidung können Sie pacen.

Ich habe Trainerkollegen erlebt, die mit Fachwissen nur so geglänzt haben. Dennoch sind sie im Seminar daran gescheitert, dass sie in handgewebten, naturgefärbten Leinenklamotten aus kontrolliert biologischem Anbau und mit Birkenstock-Sandalen vor einer Gruppe von Versicherungsmaklern gestanden sind. Weist man sie dann darauf hin, dass ein klassisches Business-Outfit besser angekommen wäre, erhält man nicht selten die Antwort, dass man nicht auf Äußerlichkeiten achten sollte, schließlich seien sie gute Trainer. Außerdem seien sie eben, wie sie sind, und wollten auch so angenommen werden.

Genau! Jeder nimmt jeden so an, wie er ist und sich gibt, Äußerlichkeiten sind uns ab sofort völlig unwichtig und gleichgültig. Nur die inneren Werte und die Fachkompetenz zählen noch. Ein wunderschöner Traum und genauso realistisch wie der Weltfrieden.

Auch wenn es wünschenswert wäre (ich bin ja dafür!), leider funktioniert die Welt (noch) nicht so. Sozialkompetenz bedeutet auch, dass ich flexibel reagieren und mich der Situation anpassen kann. Wenn ich also ohnehin über Fachkompetenz verfüge, kann ich es mir leisten, auch die Sozialkompetenz zu zeigen, und das bedeutet Anpassung an die Zielgruppe.

Falls Ihnen jetzt der Gedanke kommt, dass ich Ihnen empfehle, sich zu verstellen, dann kann ich Sie beruhigen. Sie verstellen sich nicht, nur weil Sie heute entscheiden, doch lieber beim Kundentermin ein Business-Outfit zu tragen, statt löchriger

Jeans und Schlabber-T-Shirt. Sie verstellen sich ja auch nicht, wenn Sie mit einem Engländer Englisch reden, obwohl das nicht Ihre Muttersprache ist.

Dritter Schritt:
Fragen Sie sich, ob Sie Ihren Gesprächspartner verstehen WOLLEN. Das wäre nämlich eine gute Basis. Man kann nicht das Richtige zum Falschen oder das Falsche zum Richtigen sagen. Wenn einen jemand verstehen WILL, dann klappt das auch.

Vierter Schritt:
Öffnen Sie Ihren Geist und lassen Sie andere Möglichkeiten zu. (Fällt Ihnen etwas auf?)

Kapitel 2.3 Kundenservice gefällig?

Vor einigen Jahren hielt ich für die Reklamationsabteilung einer Firma in Salzburg ein Kundenserviceseminar, in dem es hauptsächlich um den Umgang mit Dramen ging. Es war ein lustiges Seminar, das sich über drei aufeinanderfolgende Samstage erstreckte.

Der Workshop fand in einem noblen und renommierten Seminarhotel in Salzburg statt. Am dritten Seminarsamstag Mitte Oktober war wunderschönes Wetter mit beinahe sommerlichen Temperaturen. So konnten wir das ausgezeichnete, jedoch mehr als üppige Mittagessen im wirklich herrlichen Garten genießen.

Nun bin ich nicht nur ein höchst unkomplizierter Mensch, sondern auch eher anspruchslos. Ich empfand es als Privileg, dass diese Firma meinem Seminar einen derart luxuriösen Rahmen gab. Ich kenne einige Unternehmen, die das so machen, aber viele sind es nicht, weshalb ich es umso mehr schätze. Vielleicht ist mir dieser Tag auch gerade deshalb so lebhaft in Erinnerung geblieben. Jedenfalls ereignete sich an diesem dritten Seminarsamstag eine Geschichte, die ich immer wieder gerne erzähle.

Alles begann mit einem Blick auf den Menüplan. Mir fiel auf, dass es auch diesmal die gleiche Suppe und Nachspeise geben sollte wie an den vorhergehenden Samstagen: Leberknödelsuppe und Topfenknödel mit Beerenmus. Ich mag Leberknödelsuppe. Wenn der Hauptgang jedoch aus Schweinsbraten mit Kraut und Knödel besteht und der Nachtisch dann auch noch so schwer ist, kann man sich leicht vorstellen, wie man am Nachmittag drauf ist. Die Teilnehmer fallen ins Suppenkoma und nichts geht mehr.

Topfenknödel kann ich gar nicht haben. Den Teilnehmern schmeckten sie aber offensichtlich. Deshalb hatte ich auch meine Portion an den beiden Samstagen zuvor einem Herrn aus der Gruppe überlassen. Doch diesmal hatte scheinbar keiner Lust, eine zweite Portion zu verdrücken. Also beschloss ich, die Nachspeise bei der Kellnerin abzulehnen.

Die Stimmung war sehr gut und beschwingt, wir plauderten während des Essens. Es war sonnig und warm. Einfach perfekt.

Doch dann nahm das Unglück seinen Lauf ...

Die Kellnerin serviert fachgerecht die Topfenknödel. Als sie mit dem Teller zu mir kommt, befinde ich mich gerade im Gespräch mit meiner Sitznachbarin. Ich winke ab und sage kurz: „Nein, danke! Für mich keine Nachspeise bitte."

Bevor ich mich wieder der Dame neben mir widmen kann, plärrt mich die Kellnerin an (ich erlaube mir an dieser Stelle ausnahmsweise eine Dialektversion, weil sonst die Tragikomik der Situation nicht so gut herauskommt): „Wos hoaßt, Sie woin koa Nochspeis'?" Ich schaue verdutzt. Was war das gerade? „Danke, aber ich möchte keine Nachspeise", sage ich freundlich. Die Kellnerin poltert: „Aso? Woin's wos anderes? Woin's a Eis?"

Alle am Tisch verstummen augenblicklich. Ich sitze da wie vom Donner gerührt. Kann das tatsächlich wahr sein? Ich bewahre

Ruhe und erkläre der Dame: „Nein, ich mag jetzt wirklich keine Nachspeise, danke!" Die Kellnerin steht immer noch da, hochrot im Gesicht vor Zorn, und keift: „Und? Wos soi i jetzt mit de Knedel moch'n? Woin's wos anderes? Woin's a Eis? Oder wos woin's sunst?" Ich glaube, ich spinne! Geht's noch?

Ich hole tief Luft: „Nein, danke, ich möchte jetzt nichts." Wutentbrannt stapft die Kellnerin davon. Ich kann nur den Kopf schütteln über so einen Service in diesem tollen Haus. Gerade als ich das Gespräch fortsetzen will, kommt die Kellnerin wieder, im Schlepptau die Chefin. Oh mein Gott, das verheißt nichts Gutes.

Die Chefin baut sich vor dem Tisch auf, stemmt die Arme in die Hüfte und bellt: „Wer wüh da koa Nochspeis'?" Die Teilnehmer ziehen die Köpfe ein und sind mucksmäuschenstill. Mir wird jetzt doch mulmig und ich sehe sie schon mit einem Kochlöffel auf mich eindreschen. Ich melde mich: „Ja, tut mir leid, aber ich mag jetzt keine Nachspeise und am allerwenigsten Topfenknödel."

Die Chefin schnappt nach Luft. „Oba de san hausgemacht", erklärt sie wütend. Hurra! Trotzdem mag ich keine. „Die sind sicher ganz hervorragend", lobe ich die Nachspeise, „aber ich mag nun mal keine." Was jetzt kommt, erraten Sie nie!

Die Chefin baut sich vor mir auf und schreit so laut, dass die anderen Gäste im Garten sich umdrehen: „Na, wos woin's denn? Woin's a Eis?" Der Satz kommt mir bekannt vor. Déjà-vu? Ich fürchte, ich komme da nicht mehr raus und entscheide, dass es wohl besser ist, irgendeine Nachspeise zu bestellen. Nur: ich weiß ja nicht einmal, was sie alles anbieten.

Also lenke ich ein und frage: „Nein, ich will auch kein Eis, aber vielleicht könnten Sie mir die Karte bringen, dann suche ich mir etwas aus." Wortlos, aber sichtlich aufgebracht, verschwindet die Chefin. Sie kommt zurück und knallt mir die Speisekarte auf den Tisch. Sie zückt gleichzeitig den Block und geht in Warteposition, was mich leicht unter Druck setzt.

Ich blättere die Karte durch bis zu den Desserts, und was finde ich? Hausgemachte (was sonst, bitte!) Topfenknödel mit Erdbeermus, Topfenknödel mit Holundermus, Topfenknödel mit Himbeermus, Topfenknödel mit gemischtem Beerenmus. Überraschung! Außerdem gibt es noch verschiedene Eissorten, die allerdings nicht hausgemacht sind. Ich befinde mich in der Klemme.

Alle Augen sind auf mich gerichtet. Himmel, was mach ich jetzt? Die Chefin steht da und wird ungeduldig. „Na, wos is jetzt?", blafft sie mich an. „Ham's wos g'fund'n?" Ich reiße mich zusammen. „Kann ich vielleicht nur das gemischte Beerenmus haben?", frage ich kleinlaut. „Wia moanen's des jetzt'n?" Hält man das aus? „Bringen Sie mir bitte eine Schüssel mit einer Portion Beerenmus, geht das?", erkundige ich mich. „Ja", schnappt sie und geht.

Als sie weg ist, hört man die ganze Gruppe aufatmen und dann über das eben Geschehene diskutieren. Rumms! Vor mir auf dem Tisch landet ein schwerer Glaspokal voll mit Beerenmus. Na bitte. Geht doch. Alle widmen sich jetzt ihrer Nachspeise. Das Mus ist unglaublich gut, das muss man einfach sagen.

Jemand stellt mir eine Frage und ich beantworte sie. Während die anderen geruhsam essen und meinen Ausführungen lauschen, kann ich das natürlich nicht. Ich schiebe nur zwischendurch einen Löffel mit Mus in den Mund, um dann weiterzureden. Verhängnisvoll, wie sich gleich herausstellen wird.

Die Kellnerin von vorhin kommt, um die leeren Teller der Teilnehmer abzuräumen. Die Chefin hilft ihr und kommt an meinem Platz vorbei. Ich führe gerade einen Löffel mit Mus an den Mund, der Pokal ist noch halb voll. Da reißt sie mir die Schüssel weg und konstatiert: „Sie sind fertig." Und weg ist das Mus, den Löffel halte ich noch in der Hand. Großartig!

Ausgesprochen amüsant, nicht?

Was ist da schiefgelaufen?

Ein Grund für den Verlauf der Situation ist aus meiner Sicht der fehlende Rapport. Nein, wir reden nicht vom militärischen Rapport, der so viel wie „Berichterstattung" bedeutet. In der Psychologie bezeichnet „Rapport" die verbale und nonverbale Beziehung zwischen Menschen. Im NLP kommt dem Rapport höchste Priorität zu, denn ohne Rapport ist keine Intervention – welche auch immer – sinnvoll und erfolgreich. Bevor also der Rapport nicht stimmt, braucht man gar nicht loszulegen. Klingt kompliziert, ist es aber nicht.

Stellen Sie es sich vielleicht so vor: Sie wollen einen Freund anrufen. Dazu ist erforderlich, seine Nummer zu kennen. Diese haben Sie bereits herausgefunden. Was machen Sie dann? Genau! Die Nummer eintippen bzw. aufrufen, wenn sie gespeichert ist, und den Anrufknopf drücken. Jetzt brauchen Sie nur noch zu warten, bis Ihr Freund abhebt. Erst wenn die

Verbindung steht, können Sie mit ihm reden. Vorher hat das überhaupt keinen Sinn, weil er Sie nicht hören kann. Bis hierher völlig logisch, oder?

Jetzt legen wir das auf eine herkömmliche Gesprächssituation um. Wir wissen bereits, dass jeder Mensch ein anderes Weltbild, andere Einstellungen hat und eine andere Sprache verwendet. Um eine Verbindung aufbauen zu können, sollten wir also rasch herausfinden, wie der andere ungefähr gestrickt ist. Das geht blitzschnell, sodass Sie es kaum merken.

Dieses Vorgehen könnte man mit dem Herausfinden der Telefonnummer vergleichen. Sie beginnen also das Gespräch, indem Sie die andere Person ein bisschen pacen, also spiegeln. Dem entspricht das Eintippen der Nummer. Wenn die Nummer richtig ist, hebt der andere ab, was in unserem Fall nun gleichbedeutend ist mit: Derjenige wendet sich uns zu und ein Gespräch beginnt.

Boah! Das hört sich ja voll schwierig an!

Es hört sich nur so an. Und zwar deshalb, weil ich jetzt die Vorgehensweise in winzige Schritte zerlegt habe, um sie Ihnen bewusst zu machen. Keine Sorge! Sie machen das bereits jeden Tag und jedes Mal, wenn Sie mit jemandem ein angenehmes Gespräch führen.

Wie können Sie erkennen, ob Sie mit jemandem Rapport haben? Sie sehen es an der Körpersprache Ihres Gegenübers. Wenn die andere Person auf einmal in der gleichen Körperhaltung sitzt oder steht wie Sie selbst, befinden Sie sich im Rapport. Dann haben Sie die Zustimmung des Körpers und Ihre Körper passen sich während des Gesprächs ständig aneinander an.

Bis jetzt ist Ihnen das vielleicht gar nicht aufgefallen, doch probieren Sie es einmal aus. Beobachten Sie bewusst ein Gespräch zwischen zwei Menschen oder auch eines, in das Sie selbst involviert sind. Seither haben Sie das alles unbewusst gemacht und sind mit vielen Menschen gut klargekommen, mit anderen wiederum nicht.

Genau da können Sie jetzt ansetzen! Wenn Sie auf Menschen treffen, mit denen ein Gespräch bisher nicht so gut geklappt hat, versuchen Sie bewusst, Rapport herzustellen. Es zahlt sich aus, das können Sie mir glauben!

„Rapport" bedeutet also auch, die gleiche Körperhaltung einzunehmen wie der Gesprächspartner, und genau das fand in der vorher beschriebenen Situation nicht statt. Ich saß am Tisch und war durch die Unterhaltung mit der Nachbarin abgelenkt. Die Kellnerin stand vor mir und unterbrach mein Gespräch mit ihrer Frage.

Erschwerend kam hier noch hinzu, dass es sich unangenehm anfühlt, wenn man mitten im Satz unterbrochen wird. Es ist so, als würde man ein schönes Telefonat führen und von hinten schreit jemand, der offenbar nicht merkt, dass man telefoniert: „Hallo! Ist da wer?" Ich habe das „Telefonat" mit der Sitznachbarin nicht abgebrochen, weil es mir zu wichtig war, gab also der Kellnerin nur eine flüchtige Antwort.

Dieser war wiederum nur wichtig, ihre Pflicht zu erfüllen, d. h., die Nachspeise zu liefern. Normalerweise sollte so etwas auch kein Problem darstellen. Wir wissen jedoch nicht, was die Kellnerin an diesem Tag schon durchgemacht hat oder welche Dramen gerade bei ihr gelaufen sind.

Wenn ich das vorher gesehen hätte (sorry, das mit dem Hellsehen funktioniert bei mir noch nicht so richtig, aber ich arbeite daran!), hätte ich kurzfristig das Gespräch unterbrochen, hätte mich der Kellnerin zugewandt und möglicherweise wäre ich auch aufgestanden, um auf Augenhöhe mit ihr zu reden. Wenn man jemandem auf gleicher Höhe in die Augen sehen kann, ist es viel schwieriger, ihn anzuschreien. Aber so sprach sie von oben herab, im wahrsten Sinne des Wortes, als wäre ich ein Kleinkind, und so habe ich mich auch gefühlt. Mami schimpft, weil ich etwas falsch gemacht habe. Da ich aber bei meiner Meinung geblieben bin, holte Sie sich Verstärkung, und zwar gleich doppelt. Sie hätte auch eine Kollegin holen können. Nein! Sie hat gleich die Chefin geholt, möglicherweise um mich einzuschüchtern.

Die Chefin war also schon gebrieft und darauf eingestellt, eine Querulantin anzutreffen, noch dazu eine Wienerin. Wiener gelten in Salzburg ja als arrogant und sind dort nicht so wahnsinnig gerne gesehen. Damit hatte ich also verloren. Ich hätte große Mühe aufwenden müssen, um sie zu überzeugen, dass ich herzallerliebst bin und ihr nichts Böses will. Dafür war aber keine Zeit. Und noch dazu wissen wir aus dem ersten Kapitel bereits: Wenn jemand ein Drama machen will ... Gandhi ... usw.

Wie kann man jetzt also ein Gespräch lenken?

Erster Schritt:
Nehmen Sie Kontakt auf, indem Sie die Körperhaltung des Gesprächspartners, seine Wortwahl etc. pacen. Achten Sie darauf, dass Sie sich auf Augenhöhe mit Ihrem Gegenüber befinden. Wenn Sie einem Kind etwas eindringlich erklären wollen, gehen Sie in die Knie.

Zweiter Schritt:
Überprüfen Sie, ob Sie ein gutes Ergebnis für beide erzielen WOLLEN.

Dritter Schritt:
Behalten Sie während des Gesprächs die Körperhaltung Ihres Partners im Auge. Verändert sich diese plötzlich und unversehens, hat sich die Situation geändert. Möglicherweise wurde etwas gesagt, was ihn stört. Es kann aber auch sein, dass ihm nur der Fuß eingeschlafen ist. Wie können Sie herausfinden, woran es liegt? Ganz einfach: Fragen Sie ihn, was los ist. Dann können Sie in Ruhe weitersprechen.

Vierter Schritt:
Öffnen Sie Ihren Geist und lassen Sie andere Möglichkeiten zu.

Kapitel 2.4 Ich sprang nur über Gräbelein und fand kein einzig Blättelein

Sicherlich kennen Sie das Märchen vom „Tischlein deck dich". Wie Sie sich erinnern, beginnt die Geschichte damit, dass der älteste Sohn ausgeschickt wird, die hauseigene Ziege auf eine Weide zu führen. Am Abend fragt der Sohn die Ziege, ob sie satt sei, und diese antwortet: „Ich bin so satt, ich mag kein Blatt. Mäh, mäh."

Das waren Zeiten, als Ziegen noch sprechen konnten! Gebracht hat das allerdings eh nicht besonders viel, denn als der Sohn mit dem Tier nach Hause kommt und der Vater fragt, ob es satt sei, entgegnet ihm das Vieh: „Wovon sollt' ich satt sein? Ich sprang nur über Gräbelein und fand kein einzig Blättelein. Mäh, mäh." Daraufhin wird der älteste Sohn vom Hof gejagt. Über die Familiendynamik, dass der Vater dem Tier mehr glaubt als dem eigenen Sohn, lasse ich mich jetzt nicht aus. So etwas passiert doch nur im Märchen …

Möchte man meinen! Allerdings begegnen uns in der Realität sehr oft Menschen, die zuerst das eine und dann das andere sagen. Aus eigener Erfahrung weiß ich, dass man, einmal damit konfrontiert, gerne die Welt nicht mehr versteht. Dann hat man zwei Möglichkeiten: a) Man zieht sich zurück und bemitleidet sich selbst, geht dann in die Trotzposition und denkt sich: „Ihr werdet schon sehen, was ihr davon habt!" Oder b) man geht der Sache auf den Grund. Ja, zugegeben, es gibt da auch noch c) die Mischform: sich zuerst selbst bemitleiden und dann der Sache auf den Grund gehen.

Vor einigen Jahren fragte eine Wiener Firma, die zu meinen Stammkunden zählt, wegen eines Motivationsseminars für die Mitarbeiter an. Nach einer Mitarbeiterbefragung war es deren eigener Wunsch, in den Genuss eines solchen Workshops zu kommen. Dieser sollte zweitägig sein und bei Erfolg in den Seminarkatalog aufgenommen werden. Daraufhin sollte er mehrmals jährlich angeboten werden. Na gut, kein Problem. Allerdings ist „Motivationsseminar" doch eher ein dehnbarer Begriff. Sollte es sich um ein „Tschakka!"-Seminar à la Jürgen Höller handeln oder eher um eine amerikanische Variante, gemäß Obamas „Yes, we can!"? Die Antwort war: Von allem ein bisschen. Gut. Kann man machen. Ich entwickelte ein Konzept, das einen „Tschakka"-Anteil hatte und auch das „Yes, we can!" berücksichtigte, legte den Schwerpunkt aber auf die Fragestellung: „Wie motiviere ich mich selbst ohne äußere Hilfsmittel?" Ich dachte mir nämlich, dass so ein Motivationsworkshop zwar gut und schön ist und die dort erlangte Power auch die nächsten Tage einigermaßen anhält – aber was ist danach? Muss man dann wieder so einen Kurs besuchen? Außerdem lassen sich manche Dinge im Büroalltag wirklich schlecht umsetzen. Ein Feuerlauf z. B. kommt vermutlich am Arbeitsplatz nicht gut an, abgesehen davon ist so ein Feuerlauf ein ziemlicher Aufwand.

Ich baute also einige Mental- und Selbstmotivationstechniken mit ein und reichte das Konzept zur Abnahme ein. Es wurde abgesegnet und schon im Voraus mit Lob bedacht. Das sei genau das, was sie wollten. Na fein. Gehen wir es an.

Voller Enthusiasmus bereitete ich mich vor und fieberte dem Seminartermin entgegen. Die Teilnehmer waren alle sehr sympathisch, einige kannte ich bereits aus früheren Workshops. Die Stimmung war sehr gut. Beste Voraussetzungen also.

Jedoch – man soll den Tag nicht vor dem Abend loben ...

Ich beginne das Seminar und mache die Einleitung, indem ich ein bisschen darüber erzähle, was Motivation ist usw. Um die Teilnehmer an diesen beiden Tagen auch wirklich gänzlich zufriedenzustellen, schlage ich ein frisches Flipchart auf und richte meine Frage an das Publikum: „Welche Inhalte erwartet ihr euch in diesem Seminar? Was soll sein, was soll nicht sein?" Mattscheibe. Keine Reaktion.

Ich bin verwirrt. „Ich meine, das Seminar wurde ja für euch konzipiert, weil ihr es euch gewünscht habt. Was wollt ihr am Ende können oder was soll es für euch bringen?" Stille. Ein paar Teilnehmer rücken peinlich berührt auf ihren Stühlen hin und her. „Ich habe schon ein paar Ideen, aber wie ihr wisst, versuche ich immer, das Seminar an die Zielgruppe anzupassen. Ich dachte, ihr wolltet etwas Bestimmtes mit diesen beiden Tagen erreichen?", frage ich unsicher. Kopfschütteln. Eine Dame ergreift das Wort: „Nein, eigentlich nicht. Motivation halt. Ich bin eigentlich ohne Erwartungen hierhergekommen. Ich lasse mich einfach überraschen." Aha. Auch gut.

Wieder meldet sich jemand: „Ja, genau. Du machst das schon, wir werden sicher davon profitieren, aber wir kennen uns ja in der Materie nicht aus, deshalb erwarte ich mir auch nichts Bestimmtes. Gut drauf sein halt, nachher." O.k. „Ja, ich bin für alles offen", meint ein Dritter. So geht es durch die Bank, vage bis gar keine Erwartungen. Auch kein Problem. Ich stelle meine Ziele für das Seminar vor und erkläre, welche Inhalte ich mir dazu gedacht habe. „Ist das o.k. für alle?", lasse ich mir das Einverständnis geben. Allgemeines Kopfnicken. Das ist noch nicht genug für mich: „Ihr wisst, dass ihr jederzeit sagen könnt, dass ihr von diesem mehr und von jenem weniger haben wollt, oder überhaupt etwas anderes. Ihr wisst, ich bin da flexibel." Wieder Kopfnicken. „Wissen wir! Bis jetzt war ja immer alles hervorragend von dir!", tönt es von hinten. Sind sie nicht süß? Ich bin wieder versöhnt.

Wir verbringen einen lustigen, actionreichen Tag, der aber doch ein bisschen den Geist fordert. Am Abend sind alle motiviert, aber kaputt. Zum Tagesabschluss stelle ich wie immer die Hochzeitsfrage: „Passt alles so für euch, ist das so o.k., wie ich es mache? Wer etwas dagegen hat, soll jetzt sprechen oder für immer schweigen." Die Teilnehmer sind diese Frage gewöhnt und alle sind voll des Lobes. Na bitte! Erster Tag gelungen. Auch am zweiten geht es munter weiter mit viel Lachen und Bewegung. Beim Verabschieden bedanken sich alle und betonen noch einmal, wie sehr ihnen das gefallen habe und dass es genau richtig gewesen sei.

Ich bin auch sehr zufrieden und ziehe wieder meiner Wege.

Zwei Wochen später dann der Anruf des Leiters der Schulungsabteilung. „Frau Haltmeyer, ich fürchte, wir können dieses Seminar nicht weiterführen", wird mir mitgeteilt. „Oje", sage ich, „warum denn nicht?" „Na ja, wissen Sie", druckst der HR-Chef herum, „wir sind das gar nicht gewöhnt von Ihnen. Bisher war ja immer alles in bester Ordnung!" Ich spüre, wie mein Puls auf

180 geht. „Was wollen Sie damit sagen?", stammele ich. „Die Feedbacks waren so schlecht", rückt der Herr endlich heraus. Boing!

Mir ist, als wäre ich gerade mit dem Kopf gegen eine Wand gelaufen. „Wie, die Feedbacks waren so schlecht?", setze ich nach. „Tja", meint der Manager, „hier steht hauptsächlich, dass die Erwartungen nicht erfüllt wurden." Das kann einfach nicht wahr sein! Sind die noch zu retten? „Was steht da genau?", reiße ich mich zusammen. „Bei den meisten steht: Hat meine Erwartungen nicht erfüllt. Oder: Ich habe es mir anders vorgestellt, wir haben Frau Haltmeyer schon anders erlebt."

Jetzt habe ich aber genug. Am besten hänge ich meinen Beruf an den Nagel. Offenbar bin ich völlig unfähig und kann nicht einmal mehr die Stimmung der Teilnehmer erfühlen. Ich sehe mich schon Bewerbungen für Assistentinnen-Jobs schreiben.

„Nehmen Sie es nicht tragisch, Frau Haltmeyer", meint der Leiter, „das kann jedem einmal passieren." Ich erzähle dem Herrn Schulungsleiter einmal meine Version, wie das Seminar abgelaufen ist. Er hört auch brav zu und goutiert meine Ausführungen zwischendurch mit einem „Mh-mh". „Ja, das ist alles gut und schön", fügt er am Ende hinzu, „trotzdem wird es wohl nichts werden mit einem Dauerauftrag. Das ist uns zu riskant." So schnell gebe ich aber nicht auf.

Da kommt mir eine Idee. „Ich sehe das natürlich ein", gebe ich vor, „ich würde nur gerne mit einem Fragebogen bei den TeilnehmerInnen herausfinden, was sie genau zu beanstanden hatten und wie ich mich verbessern kann. Schließlich will ich diesen Workshop ja auch anderen Unternehmen verkaufen." Der Schulungsleiter stimmt zu. Ich arbeite also einen Fragebogen aus, mit dem ich herausfinden will, was genau ihnen nicht gefallen hat, was genau sie sich anders vorgestellt haben, was genau ich anders machen könnte, was genau sie lieber gehabt hätten usw. Ich schicke den Fragebogen los und tatsächlich folgen ein paar Tage später von allen Teilnehmern – das wundert mich bis heute selber – die Antworten. Ich musste mehr und mehr lachen, als ich die Statements las.

Zusammenfassend kam heraus, dass eigentlich alle das Seminar im Grunde eh ganz super gefunden haben und eigentlich hatte ja eh alles gepasst, und was ich verändern könnte, weiß eigentlich auch keiner so wirklich. Wahrscheinlich eh nix und Erwartungen hatten sie in Wahrheit ja eigentlich eh auch nicht. Und was hatte es mit der Aussage „Ich hab mir das anders vorgestellt" auf sich? Kleinlaut schrieben zwei Herren, dass sie sich gewünscht hätten, dass wir den Abend feuchtfröhlich beenden, im Sinne eines zusätzlichen Motivationsschubs.

Ich zeigte die Ergebnisse dem HR-Chef, der nur den Kopf schüttelte. Er bedankte sich bei mir, dass ich das herausgefunden hatte. In einer weiteren Umfrage der Personalabteilung wurde die Belegschaft gefragt, ob sie dieses Seminar in Zukunft als Angebot im Seminarkatalog haben wollte. Dies wurde einstimmig angenommen. Seither halte ich diesen Workshop regelmäßig in diesem Unternehmen.

Sie sehen also, so ein Verhalten kann einem einen Auftrag kosten.

Wieso gibt es so etwas?

Schauen wir wieder mit NLP-Augen auf die Geschichte. Jeder Mensch hat zwar fünf Sinne, das haben wir schon festgestellt, nur nimmt jeder die gleichen Dinge anders wahr. Deshalb ist die sinnesspezifische Wahrnehmung so wichtig. Auf Grundlage dessen, was die Sinne an Informationen liefern, kreiert das Gehirn ein Weltbild, wobei natürlich auch Werte, Einstellungen und Überzeugungen eine große Rolle spielen.

Da die Sinne in jeder Sekunde eine Fülle an Informationen liefern (und mit „Fülle" meine ich so um die 10.000.000), können Sie sich vorstellen, wie beschäftigt das Gehirn ist. Um diese Menge zu bewältigen, sucht das Gehirn die 40 bis 100 interessantesten, die dem derzeitigen Fokus der Person entsprechen, heraus.

Sie können das mit einem Foto vergleichen. Wenn Sie den Urlaubsstrand auf einem Foto festhalten wollen, gelingt es Ihnen niemals, den gesamten Strand mit all seinen Details, dem Flair etc. festzuhalten. Das Foto ist immer nur ein Ausschnitt der wirklichen Welt.

Unser Gehirn und unser Verstand gaukeln uns jedoch vor, dass dieser Ausschnitt die Realität ist, und auf diesen Ausschnitt reagieren wir auch letztendlich. Alle anderen Informationen werden im Unterbewusstsein abgespeichert. Das heißt auch gleichzeitig, dass – wann immer wir auf etwas fokussiert oder stark konzentriert sind – wir uns in einer Trance befinden, weil alle anderen Teile der Realität ausgeblendet werden.

Jetzt ergibt sich noch ein zusätzliches Problem: Unsere Sprache ist recht unzulänglich, um das vom Gehirn gebastelte Modell der

Welt zu beschreiben. Wir müssen immer wieder mit der Sprache Dinge verallgemeinern, verzerren oder etwas weglassen, damit wir überhaupt vernünftig kommunizieren können. Wenn Sie alle Details einer Situation beschreiben würden, nur damit der andere das gleiche Bild bekommt wie Sie, würden Sie Ewigkeiten brauchen. O.k., bei manchen Menschen hat man das Gefühl, dass sie das ohnehin tun.

Um ein Beispiel zu nennen: Ein Verkäufer präsentiert Ihnen ein wirklich fantastisches Produkt. Sie sind begeistert und fragen nach dem Preis. Der Verkäufer nennt eine in Ihren Augen horrende Summe. Ihnen kommt der Betrag unleistbar vor, und Sie sagen deshalb: „Das ist zu teuer." Ein Klassiker im Bereich der Tilgung. Wenig geschulte Verkäufer würden jetzt zu Ihnen sagen: „Tja, dann tut es mir leid."

NLP-geschulte Verkäufer würden Sie fragen: „Zu teuer im Vergleich womit? Oder in Bezug worauf?" Hm. Und dann müssten Sie überlegen. Ziehen Sie ein vergleichbares Produkt heran, wird der Verkäufer Ihnen aufzählen, worin seines dem anderen überlegen ist. Wenn Sie als Bezug Ihren zu niedrigen Kontostand angeben, besteht eine Chance, dass er Ihnen einen Rabatt gibt oder eine Zahlungsvereinbarung trifft.

Durch dieses genaue Nachfragen werden mehr Win-win-Situationen geschaffen und die Gesamtsituation kann zu einem guten Ende kommen, wie es in meinem Fall war.

„Ich hab mir etwas anderes vorgestellt" reicht nicht als Feedback. Offenbar hat sich derjenige ja etwas vorgestellt, nur eben etwas anderes. Aber dann würde ich gerne wissen, WAS GE-

NAU er sich vorgestellt hat. Damit kann ich etwas anfangen. Die Aussage „Die Erwartungen wurden nicht erfüllt" spiegelt den gleichen Fall wider. Es gab also doch Erwartungen. Und welche waren das bitte? WAS GENAU hat derjenige erwartet?

Um dies herauszufinden, können Sie die sogenannten „Metamodellfragen" stellen, z. B.: „Wie meinst du das?", „Was genau ...?", „Wie genau ...?", „Wirklich immer?", „Wirklich niemand?", „Woher weißt du das?" usw. Auf diesem Wege hinterfragen Sie das Modell der Welt Ihres Gegenübers.

Natürlich habe ich hier das Thema „Metamodellfragen" nur angerissen. Sie sollen ja nur einen Eindruck über die Hintergründe bekommen. Genauere Beschreibungen darüber finden Sie in NLP-Fachliteratur, wie z. B. „NLP für Dummies" von Romilla Ready und Kate Burton. Mir ist es wichtig, Ihnen bewusst zu machen, dass Sie viele Aussagen Ihrer Mitmenschen nicht einfach so hinnehmen sollten. Sie können deren Alltagstrance ein bisschen aufweichen, indem Sie mehr hinterfragen.

Wie können Sie das tun?

Erster Schritt:
Nehmen Sie Rapport auf.

Zweiter Schritt:
Steigen Sie auf die Interpretationsbremse und bewerten Sie die Aussagen Ihres Gegenübers nicht. Bevor Sie sich über eine Aussage ärgern oder wenn Sie sich nicht 100%ig auskennen, stellen Sie die Universalfrage: „Wie meinen Sie das genau?", und lassen Sie es sich erklären.

Dritter Schritt:
Wenn Sie bemerken, dass die Aussagen Ihres Gesprächspartners sehr ungenau und vage sind, stellen Sie Zwischenfragen – z. B. die vorhin aufgezählten Metamodellfragen –, und zwar so lange, bis Sie sich auskennen (oder Sie Ihrem Mitmenschen auf die Nerven gehen).

Vierter Schritt:
Öffnen Sie Ihren Geist und lassen Sie andere Möglichkeiten zu. (War das nicht schon einmal?)

Kapitel 2.5   Da guckst du!

Wie schon erwähnt, habe ich viele Jahre als Trainerin im arbeitsmarktpolitischen Umfeld gearbeitet. Ich möchte diese Jahre auf keinen Fall missen, denn ich habe in dieser Zeit so vieles gelernt, was ich sonst nie hätte lernen können. Damit meine ich nicht nur die Trainingspraxis, sondern auch die Verständigung mit Menschen unterschiedlicher Nationen, die ihre eigenen Werte und Bedürfnisse haben. Mir wurde dadurch so vieles klar, was verschiedene Kulturen und Traditionen angeht, dass ich mehr Verständnis entwickeln konnte für einzelne Verhaltens- und Handlungsmotive.

Das bedeutet nicht, dass ich nun gegenüber den kulturellen Eigenarten in allen Varianten durch und durch nachsichtig bin, ganz und gar nicht, sondern dass sie für mich greifbarer und damit nachvollziehbarer wurden.

Die folgende Geschichte macht vielleicht deutlich, was ich meine.

Das AMS hatte damals eine Maßnahme (so werden AMS-Weiterbildungen genannt), die darauf abzielte, der Zielgruppe „Junge Erwachsene" eine Berufsorientierung angedeihen zu lassen. In diese Zielgruppe fielen Personen zwischen 20 und 25 Jahren, die eventuell keinen Schulabschluss und/oder einen sogenannten „Migrationshintergrund" (= nichtösterreichische Herkunft) haben. Teilweise waren darunter auch Teilnehmer, die der deutschen Sprache noch nicht mächtig waren, weil sie erst kürzlich nach Österreich gezogen waren. Diese bekamen dann sinnvollerweise einen Deutschkurs verpasst, und anschließend wurden sie gleich in die Maßnahme „Berufsorientierung für junge Erwachsene" gesteckt. Im Großen und Ganzen kam ich mit allen diesen jungen Menschen gut aus.

Ich lernte vermutlich in dieser Zeit mehr Türkisch als die Teilnehmer Deutsch. Darüber bin ich aber sehr froh, weil ich dadurch in meinem Lieblingsurlaubsland Türkei bessere Preise beim Verhandeln erzielen kann. Außerdem war es so, dass der Migrationsanteil in den Kursgruppen bei ungefähr einem Drittel lag, damit konnte ich gut umgehen.

Eines Tages jedoch wurde die Maßnahme geringfügig verändert. Die Kursgruppen wurden von maximal zehn auf 20 Personen aufgestockt, um Zeit und Geld zu sparen. Jede Kursgruppe bekam einen zweiten Trainer zugeteilt, sodass wir nun also zu zweit eine 20-köpfige Schar zu bespaßen hatten. Mir wurde meine liebe Kollegin Eva zugeteilt, eine wunderschöne langhaarige Blondine, geringfügig älter als ich und geringfügig größer als ich. Ich zähle mit meinen 1,76 m ohne High Heels schon zu den größeren Trainerinnen, aber Eva war ungefähr 1,82 m, ebenso schlank wie ich und, ebenso wie ich, mit einer sehr weiblichen Figur gesegnet. Wiederum ebenso wie ich, hatte sie früher Autos verkauft – sofern man einen Panzer als Auto definieren kann. Wir verstanden uns prächtig, und die Teilnehmer liebten uns.

Nachdem wieder einmal ein vierwöchiger Kurszyklus zu Ende gegangen war, erwarteten wir an einem Montagmorgen die „Neuen".

An diesem Tag ereignete sich Folgendes ...

Ich bin schon früher da als Eva und hole die Kursmappe aus

dem Sekretariat. Uns sind 22 Personen zugebucht worden. Ich studiere die Teilnehmerliste und stelle fest, dass es sich um 22 Teilnehmer mit Migrationshintergrund handelt. An den Namen ist größtenteils nicht zu erkennen, ob es sich um einen Mann oder eine Frau handelt. Das beunruhigt mich jedoch nicht.

Eva kommt, und wie gewöhnlich gleichen wir uns wieder einmal in unserer Aufmachung. Beide tragen wir unser langes Haar offen, haben beide schmale, kurze (und mit „kurz" meine ich knapp knielange) Röcke an und Stöckelschuhe. Selbstverständlich tragen wir auch beide Make-up. Sie werden gleich verstehen, warum ich das so detailliert schildere. Wir wünschen einander noch viel Glück für den beginnenden Kurszyklus und dann machen wir uns gut gelaunt auf den Weg zum Seminarraum.

30 Sekunden später soll uns ein Hauch von 1.001 Nacht sanft streifen ...

Wir öffnen die Tür zum Kursraum und treten ein. Der Hauch aus 1.001 Nacht, der uns streifen soll, ist eher ein Orkan, und er streift uns nicht nur, sondern bläst uns fast um.

Vor uns sitzen 18 männliche Türken, 20 bis 23 Jahre alt, zwei männliche Serben im selben Alter und zwei 19-jährige Türkinnen im traditionellen Outfit mit Kopftuch. In der Sekunde, als die jungen Herren Eva und mich erblicken, hebt ein wohlwollendes Pfeifkonzert an. In brüchigem Deutsch fliegen uns gleich ein paar eindeutige Angebote um die Ohren. Einer der jungen Herren freut sich, uns sein – zum Glück in der Hose befindliches – Gemächt anbieten zu dürfen, mit dem er uns zuvorkommenderweise glücklich machen will.

Entsetzt sehen Eva und ich uns an. Wir haben noch nicht einmal „Guten Morgen" gesagt. Geschockt treten wir den Rückzug an.

Draußen vor der Türe müssen wir erst einmal Luft holen. „Das muss ein Irrtum sein", meint Eva außer Atem, „die haben uns die falsche Gruppe zugeteilt." „Ja", antworte ich verärgert, „die Organisation ist wirklich mies hier. Das werden wir gleich regeln. Die Gruppe gehört sicher Klaus und Michael."

Wir marschieren zurück zum Sekretariat. „Herzlichen Dank auch", blaffe ich die Sekretärin an und knalle ihr die Kursmappe auf den Tisch, „wo ist die richtige Kursmappe? Die gehört offensichtlich Klaus und Michael." Die Sekretärin schaut mich verblüfft an und prüft den Ordner. „Nein, nein", konstatiert sie, „das ist schon eure. Klaus und Michael sind jetzt in einer anderen Maßnahme am Standort Hetzendorf."

Ich glaube, ich träume. Eva fällt die Kinnlade herunter. „Nein, schau doch, Silvie", sage ich, „das sind 90 % männliche Türken und Serben. Das MUSS ein Irrtum sein." Mir zuliebe kontrolliert Silvia noch einmal die Zubuchungen. Dann zuckt sie die Achseln. „Nein, alles korrekt", meint sie. „Das ist eure Gruppe. Wir haben auch derzeit keine anderen Trainer, die das machen können. Da müsst ihr jetzt durch." Haha. Guter Witz. „Und wie stellt ihr euch das vor?", fragt Eva mit Berechtigung.

„Keine Ahnung! Das ist euer Problem. Die Projektleitung war der Meinung, ihr zwei könnt das. Wie ihr das macht, ist uns egal. Bringt sie einfach durch die vier Wochen und aus." Na bravo. Danke für so viel Vertrauen. Mir kommt ein Verdacht. „Habt ihr das am Freitag schon gewusst?", erkundige ich mich eindringlich bei Silvia. Sie wird rot und druckst ein bisschen herum. „Hm. Ja, eigentlich schon", stammelt sie, „wir wollten es euch nur nicht sagen, weil ihr heute sonst vielleicht nicht gekommen wärt." Großartig! Eva verdreht die Augen. „Wer sagt, dass wir morgen kommen?", wendet sie ein. Tolle Idee!

Silvia erschrickt: „Das könnt ihr doch nicht machen! Wer soll das sonst durchziehen? Wir haben es dem AMS versprochen!" Die Verhandlerin in Eva kommt zum Vorschein: „Gibt es eine Gefahrenzulage?" Silvia kennt sich gerade nicht aus. „Natürlich nicht. Selber Tagessatz, selbe Umstände." O.k. Das wird so nichts. „Gibt es ein Vermittlungsziel, das wir erfüllen müssen?", frage ich. „Nein", winkt Silvia ab, „diesmal nicht, wir sind nur froh, wenn ihr sie vier Wochen beschäftigt." Na, das ist doch was. „Wird überprüft, WIE wir es machen?", bohre ich weiter. „Nein! Auch nicht!", versichert die Sekretärin. „Ihr habt völlig freie Hand." Ha! Na wartet, das wird noch lustig. Eva und ich schauen uns an, und es ist, als hätten wir den gleichen Gedanken. „Denkst du das, was ich denke?", fragt sie mich. „Ich glaube schon", antworte ich. „Also dann, gehen wir es an."

Vor der Seminarraumtür atmen wir noch einmal kräftig durch und dann betreten wir den Raum. Wieder werden wir mit coolen, anzüglichen Sprüchen bombardiert. „Guckst du, Frau, bin ich beste Mann, was kann machen Liebe mit dir!", höre ich von einem Burschen. Auch Eva kriegt ihr Fett weg. „Hey, guckst du, Blondie, hast du voll geile Titten! Steh ich voll drauf!" Da sind wir jetzt aber froh.

Doch diesmal lassen wir uns nicht abschrecken. Wie zwei Zirkusdompteure halten wir die Meute in Schach und bringen den Tag hinter uns.

Für den nächsten Tag ist klar, was zu tun ist. Kein offenes Haar, keine figurbetonte Kleidung, kein roter Lippenstift, kein Nagellack, flache Schuhe.

Es funktioniert. Ab dem zweiten Tag sind wir nur mehr geschlechtslose Trainer, die Bemerkungen hören auf. Ab dem vierten Tag kommen sie darauf, dass ich ganz gut Türkisch spreche und sie nicht sicher sein können, ob ich nicht vielleicht doch verstehe, was hinter unserem Rücken geredet wird. Schließlich beginnen sie, uns zu vertrauen.

Ab der zweiten Woche ist es im Grunde ein ganz normaler Kurs mit ganz normalen jungen Erwachsenen. Wir konnten sogar einige in Jobs vermitteln.

Am letzten Kurstag überraschten uns die Teilnehmer mit hausgemachtem Baklava und einigen türkischen Spezialitäten, um zu feiern.

Zum Glück konnten wir ihnen rechtzeitig ausreden, ein Huhn im Kursraum zu schlachten, um es zu grillen.

Es ist etwas völlig anderes, von bestimmten Verhaltensweisen und Traditionen anderer Länder gelesen zu haben oder theoretisch darüber Bescheid zu wissen, als tatsächlich damit konfrontiert zu werden. Von diesem Zeitpunkt an war mir klar, dass das Tragen eines Kopftuches weniger mit einer religiösen Vorschrift zu tun hat, als vielmehr mit dem Schutz der Frau vor sexuellen Übergriffen, seien sie verbal oder körperlich. Ja, ich hatte davon gelesen, dass weibliches Haar in islamischen Ländern als Sexualsymbol gilt, fast mehr noch als die Oberweite.

Wie stark diese Symbolik jedoch wirkt, war mir absolut nicht bewusst.

Stellen Sie sich vor, bei uns würde jede Frau, die das möchte, barbusig durch den Alltag gehen. Na halleluja! Da würden österreichische Männer auch anspringen und ihre Sprüche ablassen. Man braucht ja nur an einer Baustelle vorbeizugehen, das reicht oft auch im angezogenen Zustand. Das kann ein richtiger Spießrutenlauf werden. Und obwohl ich nicht prüde bin und eine Menge Unflätigkeiten aushalte, ist das manchmal wirklich mühsam. Österreichische Ehemänner würden jedenfalls auch sehr schnell darauf bestehen, dass die Gattin gefälligst immer brav ein T-Shirt anhat. Religion hin oder her.

Bevor in Ihnen jetzt das durchaus berechtigte Argument aufkeimt: „Sie wohnen aber in Österreich, da ist das nicht so, und da könnten sie sich ja gefälligst einmal anpassen", gebe ich Ihnen noch einen Denkanstoß:

Wie wäre es für Sie, wenn Sie sich aus irgendwelchen Gründen entschließen müssten, in einem fremden Land mit einer anderen Kultur zu leben und zu arbeiten? Stellen Sie sich vor, in diesem Land ist es einfach ganz normal, dass Frauen barbusig gehen. Tun Sie das als Frau nicht, kriegen Sie keinen Job und werden ausgegrenzt. Wenn Sie sich als verheiratete Frau dazu entschließen, sich der Kultur anzupassen und auch barbusig zu gehen, was würde Ihr Mann dazu sagen? Würde er Sie ermuntern, das zu tun? Falls Sie, geschätzter Leser, ein Mann sind: Würden Sie Ihrer Frau das nahelegen?

Das ist nicht dasselbe? Ich finde schon.

Ich möchte hier noch einmal festhalten, dass ich deshalb noch lange nicht der Meinung bin, dass wir für alles, was Migranten tun oder leben, Verständnis zeigen müssen und alles tolerieren sollten. Ich möchte nur die Hintergründe verständlicher machen. Wie damit umgegangen werden soll, ist wieder ganz etwas anderes.

Was kann man tun, wenn zwei unterschiedliche Kulturen aufeinandertreffen und ein Gespräch unausweichlich wird?

Erster Schritt:
Nehmen Sie Rapport auf.

Zweiter Schritt:
Machen Sie sich klar, dass dieser Mensch womöglich völlig anders denkt als Sie, nicht nur aufgrund seines Weltbildes, sondern eventuell auch in seiner Denkstruktur. Beachten Sie, dass es wahrscheinlich auch eine Sprachbarriere gibt, die das Verständnis zusätzlich erschweren könnte.

Dritter Schritt:
Denken Sie daran, dass Ihr Gegenüber mit Migrationshintergrund kein Trottel ist. Es kann durchaus sein, dass derjenige sogar eine höherwertige Ausbildung hat als Sie. Wenn Sie in dieser Art und Weise mit ihm reden: „Du gehen geradeaus, dann warten bis Ampel grün und dann du seien da", machen eher Sie sich zum Trottel. (Leider passiert das immer noch viel zu häufig, wie ich unlängst erst in einer Wiener U-Bahn live miterleben durfte.)

Vierter Schritt:
Öffnen Sie Ihren Geist und lassen Sie andere Möglichkeiten zu. (Ich weiß, ich weiß.)

# Teil 3 Sachen gibt's! – Alltagsgeschichten

Erstaunliches findet man überall, man muss nur genau hinsehen, also aufmerksam sein. Der Alltag bietet uns jede Menge Geschichten, die es wert sind, weitererzählt zu werden. Nicht, um sich über die handelnden Personen lustig zu machen, sondern – ganz im Gegenteil – um daraus zu lernen und die Welt für sich als auch für die engere Umgebung besser zu machen und mehr Verständnis füreinander aufzubringen.

Auch in diesem Teil möchte ich ein paar Erlebnisse mit Ihnen teilen und Ihnen die Hintergründe sichtbar machen, damit Sie besser nachvollziehen können, warum manche Situationen so ablaufen, wie sie ablaufen.

Kapitel 3.1 Der Aufzug

Ich befand mich in einem Einkaufszentrum. Es war Samstagnachmittag und man hatte den Eindruck, dass die Menschen glaubten, es würde nie wieder etwas zu kaufen geben und es wäre heute der letzte Tag, an dem man sein Geld noch unter die Leute bringen könnte. Entsprechend gestresst wirkten manche auch.

Das Treiben in diesem Shopping-Center erinnerte an einen Bienenstock, ebenso der Geräuschpegel. Ich wartete gerade auf einen dieser fantastischen Panoramalifte, die meiner Vermutung nach nur deshalb gläsern und durchsichtig sind, damit man es erträgt, dass das Ding in jedem Stockwerk stehen bleibt, um Leute aufzunehmen, die es sich schon längst anders überlegt haben und zu Fuß gegangen sind, weil sie die Wartezeit nicht ausgehalten haben – oder zwischenzeitlich verstorben sind. Mit dem Ausblick aus dem Aufzug wird einem zumindest vorgegaukelt, dass man irgendwann eines der Stockwerke und damit die darin befindlichen Geschäfte auch erreichen könnte. Die Vorfreude ist ja bekanntlich die schönste Freude.

Zu mir gesellten sich mit der Zeit andere Personen, die ebenfalls der Vorstellung unterlagen, noch zu Lebzeiten ein anderes Stockwerk betreten zu können. Es handelte sich um eine ältere Dame, der ich eine gewisse Ähnlichkeit mit Queen Elizabeth II. zuspreche. Zumindest was Alter, Frisur und Handtäschchen angeht.

Dann war da noch ein ca. 17-jähriger Jugendlicher, der mit einer viel zu weiten Hose, deren Schritt ungefähr bei den Knien hing, einer Baseballmütze und ziemlich viel Blech im Gesicht sowie Tattoos an den Armen demonstrierte, dass er auf Konventionen pfiff. Ein bisschen erinnerte er mich an den Rapper Eminem.

Und dann war da noch ein charismatischer Held, den ich immer den „Pfadfinderführer- oder Sozialarbeitertyp" nenne. Ein Mann um die 30 Jahre, mit Zivilcourage und starkem sozialem Engagement, sehr in sich ruhend und ein bisschen alternativ angehaucht, wobei er aber doch Autorität ausstrahlte. Alle weiteren Wartenden zogen meine Aufmerksamkeit nicht so auf sich wie diese drei. Jedoch hatte ich irgendwie das Gefühl, dass es gleich interessant werden würde.

Wie Recht ich doch haben sollte ...

Endlich kommt der Aufzug, der eine riesige Menge an Menschen in das Stockwerk spuckt. Wir steigen also ein. Die Türen schließen sich. Alle Knöpfe sind gedrückt und ich kann sehen, dass ich mit den oben genannten Personen noch eine weite Reise vor mir habe.

Das denkt sich offenbar auch Eminem, denn er beginnt, eine Zigarette aus seiner Tasche zu fingern und sie anzuzünden. Jetzt bin ich aber gespannt, was passiert. Einige Fahrgäste fangen an, miteinander zu tuscheln und den Kopf zu schütteln, so auch Queen Elizabeth. Genüsslich bläst Eminem den Rauch mitten in den Raum. Da kann sich die Queen nicht mehr halten: „Also das ist doch unerhört! Wissen Sie denn nicht, dass Rauchen im Fahrstuhl verboten ist?" Natürlich weiß Eminem das, es ist ihm aber egal. Und wie könnte man besser provozieren? Er pustet den Rauch jetzt genau in ihre Richtung.

„So eine Frechheit", fängt die Queen wieder an, „wo kämen wir denn da hin, wenn das alle machen würden! Sie haben wohl keine Manieren!" Damit dürfte sie richtig liegen. Sie wettert gleich weiter: „Die heutige Jugend hat keine Kinderstube! Das hätten wir uns damals nicht erlauben dürfen!" Gut, zu ihrer Zeit gab es auch noch keine Aufzüge und schon gar keine Einkaufszentren.

Das alles hindert Eminem nicht daran, einfach weiter zu rauchen. Er setzt sogar noch eines drauf, denn er sagt ganz cool zu ihr: „Alte, pudel dich nicht auf!" Es geht zwar ein Raunen durch die Menge, aber niemand sagt etwas. Offenbar will sich keiner mit dem kleinen Rambo anlegen, und jeder hofft, dass die Fahrt bald zu Ende ist.

„Also so etwas!", entrüstet sich die Queen aufgebracht, und sie setzt gleich hinzu: „Wozu gibt es Vorschriften! Alle müssen sich daran halten, auch Sie. Ich werde mich beschweren!" Wieder strömt ihr eine Rauchwolke entgegen. Sie schnappt nach Luft. Von verschiedenen Seiten hört man Wortfetzen wie: „Sie hat Recht", oder: „Das ist wirklich eine Frechheit!" Die Stimmen sind jedoch zu schwach und richten sich auch nicht direkt an unseren Aufrührer.

Da kommt der Pfadfinderführer ins Spiel. Er macht einen Schritt auf unseren Eminem zu, schaut ihm direkt in die Augen und sagt dann völlig kongruent und ruhig zu ihm: „Was ich jetzt sage, sage ich nur einmal: Gib sofort den Tschick aus der Papp'n oder du kriegst einen Tschuck aufs Aug." (Für unsere Freunde aus Deutschland: Nimm sofort die Zigarette aus dem Mund oder du bekommst einen Schlag aufs Auge.)

Mein Held fixiert Eminem mit den Augen und lässt damit keinen Zweifel aufkommen, dass die Prophezeiung eintreten wird, wenn der junge Mann nicht gehorcht. Rambo jun. sagt nichts – scheinbar überlegt er, ob es einen Sinn hat, sich mit dem Herrn anzulegen – und kommt still zur Überzeugung, dass das nicht unbedingt eine gute Idee ist. Im Schneckentempo hebt er seine Hand zur Zigarette, nimmt sie aus dem Mund, wirft sie auf den Boden und tritt sie aus.

Für den Pfadfinderführer und Eminem ist der Fall damit erledigt. Beide schweigen wieder vor sich hin. Nur die Queen ist noch immer aufgebracht und versucht, Anhänger zu finden, indem sie praktisch jeden im Lift fragt: „Sagen Sie, was halten Sie eigentlich davon? Finden Sie nicht auch, dass …" Endlich hält der Aufzug. Wir sind am Ziel.

Spannender hätte die Fahrt nicht sein können.

Sicher ist Ihnen so etwas Ähnliches auch schon passiert. Das ist doch keine außergewöhnliche Geschichte, oder doch? Wenn man nicht darüber nachdenkt, wahrscheinlich nicht. Wenn man jedoch sein Leben ein bisschen bereichern will und etwas lernen möchte, dann sehr wohl.

Diese Story bringe ich immer in Seminaren, wo es um Sozialkompetenz, Wertesysteme, Profiling oder auch Trainerausbildung geht. Warum? Weil sie drei verschiedene Formen der Sozialkompetenz aufzeigt, und zwar so ausgeprägt, dass die Reaktionen aus dem Lehrbuch stammen könnten.

Genauso, wie jeder Mensch sein eigenes Weltbild hat, was wir ja aus dem NLP schon wissen, hat auch jeder seine eigenen Wertvorstellungen. Jedem Menschen ist etwas anderes wichtig im Leben, und das wiederum hängt von seiner Erziehung, seinen Erfahrungen und seinen Lebensumständen ab. Zu den verschiedenen Wertvorstellungen gehören auch spezifische Verhaltensmuster. Werte und Verhalten ändern sich mit den Lebensumständen bzw. mit der sozialen Entwicklung. Es wurde herausgefunden, dass sich Jugendliche in Schweden genauso verhalten wie Jugendliche in Simbabwe, China oder Peru. In diesem Alter sind eben spezifische Dinge wichtig, wie z. B. Respekt, Macht, Abgrenzung usw. Jede Entwicklungsstufe bringt eine eigene Form der sozialen Kompetenz hervor, und keine davon ist besser oder schlechter. Es gibt nur komplexere und weniger komplexe Formen.

Viele meiner Kollegen sind der folgenden Meinung: Je komplexer (also in ihren Augen höher) die Form der Sozialkompetenz ist, desto besser, und alles, was sich in den früheren Entwicklungsstufen herausgebildet hat, ist minderwertig. Dieser Ansicht bin ich nicht, denn das widerspräche nicht nur meinen bisherigen Erfahrungen, sondern auch dem, was ich in meiner eigenen Profiling-Ausbildung gelernt habe.

Die Flexibilität gibt meiner Meinung nach den Ausschlag. Hier sind wir wieder beim Pacen aus dem NLP. Wenn ich die Form der Sozialkompetenz eines anderen spiegeln kann, also seine Sprache sprechen kann – wobei es hauptsächlich darum geht, dessen Werte zu reflektieren –, dann bin ich sehr weit fortgeschritten in meiner Sozialkompetenz.

Im Prinzip ist es auch recht einfach, herauszufinden, was dem anderen wichtig ist. (Vorsicht wiederum vor der Vorverurteilung!

Jeder Mensch hat ein Recht auf seine eigenen Wertvorstellungen, keine ist besser oder schlechter.) Unsere Werte wirken so stark in uns, dass sie zu Handlungsmotiven werden und sich unbewusst überall und in allem ausdrücken. Die Wahl der Kleidung z. B. macht sehr deutlich, was jemandem wichtig ist, ebenso die Wahl des Fahrzeugs, die Art, wie der Schreibtisch gestaltet ist usw. Unsere Werte strömen sozusagen aus allen Poren.

Betrachten wir einmal unsere Queen Elizabeth aus dem Beispiel: Sie dokumentiert verbal recht deutlich, was ihr wichtig ist: Ordnung, Regeln, Vorschriften, Pflichtbewusstsein, Sicherheit usw. Alle haben sich an die Regeln zu halten, sonst gibt es Bestrafung. Es wird belehrt, geschulmeistert und mit Sprichwörtern um sich geschmissen. Selbst wenn sie dies nicht verbal geäußert hätte, könnte man es aus ihrer konservativen Kleidung und dem angepassten Auftreten schließen. In dieser Form der Sozialkompetenz finden wir auch Verhaltensmuster wie Detailgenauigkeit (von manchen Außenstehenden auch gerne „Korinthenkackerei", „i-Tüpfel-Reiterei" oder „Pedanterie" genannt), Prozessorientierung (also Planung statt Spontaneität und schrittweises Vorgehen) und Problemorientierung (man möchte lieber weg von einem Problemzustand als hin zu einem Ziel). Das ist grundsätzlich nichts Schlechtes. Im Gegenteil. Die Gesellschaft braucht Regeln und Grenzen, vor allem Kinder, nur so kann das Zusammenleben funktionieren. Für Eigenständigkeit oder selbstständiges Denken lässt diese Form der Sozialkompetenz jedoch wenig Platz: Alle Menschen sollten am besten gleich sein, auch im Aussehen – deshalb mögen solche Leute auch gerne Uniformierungen. Sie sind der Ansicht, dass man sich ein besseres Leben erst verdienen muss. Man denkt in jungen Jahren schon ans Alter und schließt Lebensversicherungen etc. ab. Man gönnt sich wenig, um dann in der Pension alles nachzuholen. Die Aufnahme eines Kredits bedeutet, Schulden zu machen. Es gibt auch nur eine Wahrheit – welche auch immer –, alles andere ist falsch. Falsch/richtig, schwarz/weiß, dazwischen gibt es nichts. Hinzu kommt, dass für Menschen mit dieser Form der sozialen Kompetenz die fachlichen Fähigkeiten eine geringere Rolle spielen als Dienstjahre oder Titel. Befördert wird nicht, wer mehr kann, sondern wer am längsten da ist. Autoritäten werden nicht in Frage gestellt und die Sinnhaftigkeit von Befehlen nicht hinterfragt. Das Gute daran ist aber, dass Dinge immer gleich ablaufen und immer das gleiche Prozedere gehandhabt wird, worauf man sich auch verlassen kann. Unternehmer mit einer derartigen Sozialkompetenz kümmern sich um ihre Mitarbeiter und kennen ihre sozialen Hintergründe.

Anders der jugendliche Springinsfeld. Auf seiner Sozialkompetenzebene, die nicht ganz so komplex ist wie die der Queen, ticken die Uhren im wahrsten Sinne anders: Was gestern war, ist bereits längst vergessen, und was morgen kommt, interessiert mich doch jetzt noch nicht. Jetzt ist jetzt. Hurra! Wichtig ist nur, sich rechtzeitig Respekt zu verschaffen, und das geht immer gut durch Verbreitung von Angst und ein möglichst auffälliges, übersteigertes Äußeres. Männer unterstreichen dabei gerne äußere Attribute mit komplizierten Bartrasuren und sehr eng anliegenden T-Shirts bzw. Hosen, damit auch ja alles zu sehen ist – oder, wem das zu peinlich ist, mit extremem Schlabberlook, aber auch Gothic-Tracht. Damen hingegen neigen zu auffälligen Haarfarben, ebenfalls knapper Kleidung und Zurschaustellung der Oberweite. Hauptsache ist dabei, möglichst cool zu wirken, so als ginge ihnen die Welt und ihre Anliegen am

Allerwertesten vorbei. Innen drin schaut es bei diesen Typen aber ganz anders aus, denn sie sind auf dem Weg, sich selbst zu finden, was ihrer Meinung nach am besten funktioniert, indem man sich die Hörner abstößt.

Während Menschen wie unsere Queen durch Wortreichtum und Details auffallen, haben wir hier das genaue Gegenteil. Nur nicht zu viele Worte! Am besten verwendet man überhaupt nur Hauptwörter. Eine Gesprächssituation kann dann durchaus so ablaufen: „Junge, was war heute in der Schule?" „Nix." „Was habt ihr gelernt?" „Keine Ahnung!" „Mit wem warst du nach der Schule zusammen?" „Kennst nicht."

Ja, da kann man schon mal als Elternteil die Nerven wegschmeißen! Aber Sie dürfen auch nicht vergessen, dass in diesem Alter nichts peinlicher ist als Eltern. Während man vorher das Kind noch bis vor die Schule fahren musste, wird man nun ersucht, an der Ecke zu halten, damit niemand sieht, dass Mami einen in die Schule gebracht hat.

Jugendliche haben ein Verhaltensmuster, das sie veranlasst, genau das Gegenteil von dem zu tun, was ihnen aufgetragen wird. Sie können einfach nicht anders. Sagen Sie also zu Ihrem pubertierenden Kind, es möge doch bitte wegen der Kälte eine warme Jacke anziehen, wird genau das nicht passieren, sondern im besten Fall wird Herr Sohn oder Frau Tochter ein leichtes Jäckchen bevorzugen. Sie könnten Ihren Liebling aber austricksen, indem Sie sagen: „Ich finde, so kalt ist es gar nicht. Du brauchst keine Jacke." Das könnte sehr wohl funktionieren. Alles, was verboten ist, wirkt anziehend – deshalb auch das Rauchen im Lift. Provozieren um jeden Preis, um sich selbst kennenzulernen, ist die Devise. Diese Form der Sozialkompetenz akzeptiert jedoch – wie in unserer Geschichte deutlich wird – eine liebevolle Autorität.

Dazu braucht man aber auch Nerven, um das durchzuhalten. Es muss klar sein, wer der Boss ist – nämlich Sie. Drohen Sie niemals, wenn Sie nicht vorhaben, die Konsequenzen durchzuziehen. Der Jugendliche wird sofort testen, ob Sie Manns oder Frau genug sind, die Drohung wahrzumachen. Tun Sie es, ist er zwar zuerst sauer, Sie haben aber seinen Respekt. Tun Sie es nicht, findet er zwar toll, dass er gewonnen hat, hält Sie im Gegenzug aber für ein Weichei und wird Ihnen immer wieder auf der Nase herumtanzen. Die Reaktion unseres Helden auf das Verhalten des Rambo war also genau die richtige.

Und damit wären wir bei unserem Pfadfinderführer, der sich noch an seine Zeit als Jugendlicher erinnert und auf entsprechende Verhaltensmuster zurückgreifen kann. Auf der anderen Seite ist er schon sehr komplex in seinem Verhalten und kann durchaus über den Tellerrand hinausschauen. Er ist sehr reflektiert, kann also die Konsequenzen seines Handelns durchaus einschätzen und überdenken, um sie dann der Situation anzupassen. Mit solchen Menschen hat man wenige Probleme, weil sie immer versuchen werden, ihr Gegenüber zu verstehen und samt seinen Wertvorstellungen zu akzeptieren und zu respektieren.

Der Pfadfinderführer-Typ verfügt gerne über mehrere Optionen. Er möchte aus verschiedenen Möglichkeiten auswählen können und ist im Grunde sehr zielorientiert. Manchmal steht er sich jedoch selbst im Weg, weil er zu viel reflektiert und ihm der

Handlungsimpuls abgeht. Entscheidungen brauchen oft lange, weil er der Meinung ist, dass alle Aspekte der Sache eingehend beleuchtet werden sollten.

Natürlich gibt es noch viele andere Formen der sozialen Kompetenz. Der in unserer Zeit sehr häufig vorkommende Checker-Typ handelt z. B. sehr lösungs- und zielorientiert, aber auch oft sehr spontan, weshalb gewisse notwendige Details vergessen werden, was oft peinliche oder fatale Folgen hat. Wichtig sind ihm Anerkennung, Kompetenz und Erfolg, der offen zur Schau gestellt wird, um anderen zu zeigen: „He, seht mal, was ich drauf habe." Statussymbole spielen dabei eine große Rolle. Ich denke aber, dass ich darüber einmal ein eigenes Buch schreiben werde. In der Zwischenzeit können Sie auf Cowans und Becks „Spiral Dynamics" zurückgreifen, wo Sie alles Wissenswerte im Detail finden. (Trotzdem hoffe ich, dass Sie auf mein Buch warten!)

Wie können Sie nun Ihre Sozialkompetenz einsetzen bzw. optimieren?

Erster Schritt:
Nehmen Sie Ihr Gegenüber in allen Details wahr. Wie ist die Person gekleidet? Was fällt Ihnen sonst noch auf? Welche Werte könnte dieser Mensch haben?

Zweiter Schritt:
Akzeptieren Sie, dass Ihrem Gegenüber möglicherweise andere Dinge wichtig sind als Ihnen. Das ist o.k. Sie kennen die Lebensumstände desjenigen nicht und es steht Ihnen nicht zu, das zu beurteilen.

Dritter Schritt:

Diskutieren Sie mit Ihrem Gesprächspartner nicht über die Sinnhaftigkeit seiner Wertvorstellungen. Bereiten Sie Informationen so auf, wie derjenige sie haben will. Wenn Sie dahinterkommen, dass Ihr Gegenüber auf Details steht, dann geben Sie ihm Details, auch wenn Sie persönlich das langweilig finden. (Nein, Sie verstellen sich nicht! Sie sprechen nur seine Sprache.) Sollten Sie nach jedem Argument ein „Ja, aber" hören, nehmen Sie es nicht persönlich. Diesem „Ja, aber" entspricht ein Verhaltensmuster, das wir „Mismatching" nennen und das 80 % der Bevölkerung eigen ist. Es hat also nichts mit Ihnen und Ihrer Argumentation zu tun. Seltsam wäre es eher, wenn das „Ja, aber" nicht gesagt würde. Dann ist die Botschaft wahrscheinlich nicht vollständig angekommen.

Vierter Schritt:

Schauen Sie jedes Mal, wenn Sie eine bekannte Person treffen, von Neuem genau hin. Das Gesicht, das er Ihnen das letzte Mal gezeigt hat, ist von gestern. Möglicherweise zeigt er Ihnen heute ein anderes – und das ist auch ein Teil von ihm.

Kapitel 3.2   Schulgeschichten

Jeder, der Kinder hat, kann ein Lied davon singen oder ein Buch darüber schreiben. Selbst das angepassteste Kind trifft im Laufe der Schulzeit mindestens einen Lehrer, der im Umgang ein wenig heikel ist. Das scheint irgendwie dazuzugehören. Mein über alles geliebter Sohn war jetzt nicht unbedingt das angepassteste Kind, so wie ich es in meiner Schulzeit war, sondern ausgesprochen verhaltenskreativ, witzig, schlagfertig und an vielen Dingen interessiert. Leider immer an anderen Themen, als es der Lehrplan gerade vorsah. Er stellte Trilliarden Fragen, die alle von mir bis ins Detail beantwortet werden mussten.

Ich übertrug mein eigenes großes Interesse an Geschichte auf ihn, weil mir irgendwann auf dem Weg zum Kindergarten schon die Märchen ausgingen. Und so erzählte ich ihm von Maria Theresia, Karl dem Großen usw. Ich kann mich an eine Situation erinnern, als wir auf dem Schulweg am Verteilerkreis Favoriten im Stau standen und der Achtjährige vom Kindersitz hinten die Frage stellte: „Welchen Einfluss hatte die Politik Karls des Großen auf die heutige EU?" Na? Beantworten Sie das mal! Ich halte mein Kind, das ich, wie Sie schon wissen, über alles liebe, nicht für hochbegabt, sondern nur für sehr intelligent und denkflexibel. Dass David anders war als andere Kinder, lag auch an meiner Erziehung. Nicht, dass ich das so gewollt hätte, sondern es ist eben aufgrund meiner Interessen und der meines damaligen Mannes so gekommen.

Mein Mann und ich waren ausgesprochene „Star Trek"- und Science-Fiction-Fans. Und so sah sich David schon in frühester

Kindheit gemeinsam mit uns „Star Trek"-Folgen an. Im Kosmos kennt sich mein Sohn also aus wie kein Zweiter. Er konnte auch praktisch alle Folgen auswendig und wusste stets genau, in welcher Folge welcher Staffel Commander Data welchen Satz zu wem gesagt hat. Das Einmaleins war jedoch in ziemliches Mirakel und unheimlich schwierig für ihn zu behalten.

Und so kam es, wie es kommen musste. Schon in der Volksschule fiel er auf, leider meistens weniger durch seine Intelligenz als durch Sprüche oder bestimmte Verhaltensweisen, die nicht in das Weltbild seiner extrem konservativen, obwohl sehr jungen, Lehrerin passten. In regelmäßigen, zunehmend kürzer werdenden Abständen fand ich in Davids Mitteilungsheft den Eintrag: „Bitte suchen Sie mich in der Schule auf, wir müssen reden."

Die Beschwerden der Lehrerin waren manchmal berechtigt, weil er vielleicht wieder einmal ein Mädchen „dumme Zicke" genannt hat, manchmal aber auch nicht. Wenn er sich z. B. im Unterricht zu oft meldete, weil er über die Feuerwehr einfach schon sehr viel wusste, empfand die Lehrerin dies als störend. Ich kam mit dieser Lehrerin selber nicht gut zurecht und stufte sie irgendwann als nicht zurechnungsfähig ein, weil sie mir einmal tatsächlich erklärte, ich solle bitte David daheim nicht so viel Wissenswertes erzählen, er würde sonst in der Stunde nicht aufpassen, weil er den Stoff schon kenne. Na klar. Ich stelle mir die Situation so vor: „Mama, was sind das für Sterne am Himmel?" „Kind, warte, bis du das in der Schule lernst."

Eine Begebenheit schlug jedoch dann dem Fass den Boden aus, sodass ich einen Schulwechsel veranlasste, und das kam so …

„Hallo David, wie war es in der Schule!", begrüße ich meinen Neunjährigen und lasse ihn ins Auto steigen. „Cool", antwortet mein über alles geliebter Sohn, „heute haben wir Aliens gezeichnet!" Eigenartig. Und das mit dieser Lehrerin? „Ich hab ganz viele gezeichnet, wie in ‚Raumschiff Enterprise'!"

Ich bin total stolz auf meinen Sohn. Fernsehen bildet eben. „Die anderen haben nicht so schöne Außerirdische gezeichnet." Endlich glänzt mein Sohn in etwas, wenn schon das Einmaleins nicht klappt. Ich frage mich gerade, von wem er die Zeichenbegabung hat. Von mir jedenfalls nicht. Ich bin so ziemlich die Einzige in meiner Familie, die zwei linke Hände hat, wenn es um Zeichnen oder Malen geht.

„Was hat denn die Lehrerin dazu gesagt?", frage ich neugierig. „Och, nicht so viel. Ah ja, sie hat etwas ins Mitteilungsheft geschrieben", antwortet mein Sohn. Au weh. Das lässt nichts Gutes vermuten. Mein inneres Alarmsystem ist aktiviert. Zu Hause zeigt mir David die Zeichnung, und sie ist tatsächlich entzückend.

Er erklärt mir alle Aliens, und dann ist da noch eine Wolke. „Was ist das?", bin ich gespannt. „Ein Geistwesen!", meint David stolz und tut so, als müsste man das wissen. Ja klar. Ein Geistwesen. Was sonst? Ist doch völlig logisch. Mir fällt ein, dass in einer „Star Trek"-Folge ein solches Geistwesen auch vorgekommen ist. „Toll!", lobe ich meinen Sprössling. Und jetzt her mit dem Mitteilungsheft. Darin findet sich der übliche Satz: „Bitte finden Sie sich zu einem dringenden Gespräch ein." Das darf nicht wahr sein. Was ist jetzt schon wieder?

Am nächsten Tag finde ich mich also ein und stelle mich den gestrengen Augen der Lehrerin, die zwar jünger ist als ich, aber tut, als hätte sie mindestens 50 Jahre Lehr- und Erziehungserfahrung.

„Worum geht es diesmal?", frage ich genervt. „Es geht um die realitätsfremden Vorstellungen Ihres Sohnes", schnappt sie zurück. Um Gottes willen! Was ist passiert? „Gestern haben wir Aliens gezeichnet", führt sie aus. „Ja, weiß ich", antworte ich, „und das hat er doch toll gemacht. Ich hab gehört, er hat mehr Aliens gezeichnet als die anderen." „Ja, das stimmt auch", meint die Lehrerin. „Aber was für welche!" Häh? Immerhin hat er kein blutrünstiges Spinnenmonster oder Ähnliches gemalt. Ich ziehe die Zeichnung aus der Tasche. „Wieso?", frage ich verwirrt. „Das sind doch ganz normale Aliens." Ich stelle mir gerade die Frage, was normale Aliens sind. „Ja!", meint die Lehrerin aufgebracht. „Aber schauen Sie sich das an! Eine Wolke! Das geht doch nicht." Ähm. Wieso nicht? „David hat mir erklärt, das ist ein Geistwesen", teile ich der Lehrerin mit. „Ja, eben", schreit diese mich an, „und wir wissen doch alle, dass es Geistwesen nicht gibt!" Ay caramba! Geistwesen nicht, aber andere Aliens schon. Alles klar.

Da ich mehr an die Genialität meines Sohnes geglaubt habe als an die Kompetenz der Lehrerin , wechselten wir während des Schuljahres noch von der elitären Privatschule in eine öffentliche Schule, wo das Geistwesen akzeptiert wurde, und dort hatte er dann auch mit dem Einmaleins keine Schwierigkeiten mehr.

Was ist die Moral von der Geschicht?

Vermutlich gibt es mehrere, und alle sind gut und richtig. Jedoch auf eine will ich ganz speziell hinaus: Viele Eltern scheuen sich, das (scheinbar) Unangenehme zu tun, obwohl es für ihr Kind das Beste wäre. Von allen Seiten wurde mir eingeredet, dass ein Kind nur schwer einen Schulwechsel verkraften würde, und immerhin sei es eine Privatschule und bla bla bla. Lieber einigen sich viele Eltern mit der Lehrerin und quälen sich durch die Schuljahre, weil Sohnemann oder Töchterlein nur schwer in der von den Lehrern vorgegebenen Spur zu halten sind. Die Kinder denken dann mit Schaudern an die Schulzeit zurück, die Eltern sind erleichtert, wenn es endlich vorbei ist, und auch die Lehrer atmen auf, wenn sie den Schüler endlich loswerden. Und diese Kinder haben während der Schulzeit auch noch resigniert, weil ihrer Fantasie die Flügel gestutzt wurden.

Ich habe in meiner Trainerlaufbahn bisher ungefähr 150 Kinder mit Lese-Rechtschreib-Schwäche trainiert. Dabei habe ich bemerkt, dass diese Kinder eine unglaubliche Fantasie haben und tolle Geschichten schreiben können. Die strotzen dann eben vor lauter Rechtschreibfehlern, weil die Gedanken einfach davongaloppieren. Eltern und Lehrer wollen jedoch, dass das Kind lieber auf die Fehler achtet, was innerhalb kurzer Zeit dazu führt, dass es das auch wirklich tut und tatsächlich weniger Fehler macht, dafür sind die Geschichten langweilig und unkreativ. Aber das interessiert dann niemanden.

Tatsache ist allerdings, dass Kinder auch beides haben können, nämlich Kreativität UND Rechtschreibtalent. Leider scheint das weder bei Eltern noch bei Lehrern ausreichend bekannt zu sein.

Für mich war der entscheidende Punkt damals, dass ich meinem Sohn diese Fantasie einfach erhalten wollte und dachte, das mit dem Einmaleins würde er schon hinkriegen. Ich war noch dazu der Meinung, dass diese Lehrerin nicht die richtige für David war. Sie konnte mit ihm und seinen Ansichten nicht umgehen, was zugegebenermaßen auch für mich oft nicht leicht war. Das bedeutete für sie aber, dass er nicht richtig funktioniert, was man selbstverständlich als Mutter zu beheben hat.

Und da bin ich nun ganz anderer Meinung. Jeder Mensch funktioniert richtig, und jeder Mensch ist eben anders. Wenn ich damit nicht umgehen kann, ist das bitteschön mein Problem. Damit meine ich jetzt nicht, dass ab sofort jeder tun und lassen kann, was er will. Nein, es gibt soziale Gegebenheiten und Regeln, die einzuhalten sind. Aber innerhalb dieser Regeln ist jedenfalls Raum für die persönliche Eigenart.

Ich bin auch der Ansicht, dass Kinder durchaus lernen sollen, mit schwierigen Leuten umzugehen oder sie auch nur auszuhalten. Das wird ihnen im Leben noch öfter passieren, dass es jemanden gibt, mit dem man sich immer wieder im Clinch befindet. Man kann ja auch nicht permanent die Schule wechseln, nur weil man da mit einem Lehrer nicht klarkommt. Flucht ist keine Lösung für Konflikte. Wenn aber das Wohlbefinden aller unter der Situation leidet, ist der Wechsel durchaus in Betracht zu ziehen.

Ich habe in meiner Kindheit erlebt (Sie wissen schon: die Kindheit, über die ich dann einmal ein eigenes Buch schreiben werde), dass die Lehrer von meinen Eltern als unumstößliche Autoritäten angesehen wurden, die allwissend waren und stets Recht hatten. Im Unterschied dazu bin ich hinter meinem Sohn gestanden. Sicherlich, daheim habe ich ihn schon oft gefragt, ob er nicht vielleicht irgendwo dagegengelaufen ist, weil er sich so verhält. Aber ich musste lernen, mich von der Lehrkraft nicht als Schuldige für deren eigene Unfähigkeit hinstellen zu lassen oder mich behandeln zu lassen, als sei ich der Schüler und nicht mein Sohn. Oft kam es mir vor, als würden die Lehrkräfte die Situationen verwechseln. Dadurch hatte mein Sohn auch irgendwann keine Chance mehr, etwas richtig zu machen, weil es nicht mehr gesehen wurde.

Wie können Sie sich und Ihrem Kind (o.k., auch dem Lehrer) den Schulalltag leichter machen?

Erster Schritt:
Nehmen Sie die Schule nicht so ernst, wie man Ihnen weismachen will, dass sie sei. Motivieren Sie Ihr Kind zum Lernen und gestalten Sie die Wissensvermittlung spannend. Ihr Sprößling soll sich ruhig ein bisschen anstrengen, aber nur Druck zu erzeugen, bringt gar nichts.

Zweiter Schritt:
Glauben Sie nicht alles, was Lehrer Ihnen einzureden versuchen. Eine Lese-Rechtschreib-Schwäche kann z. B. in zehn Wochen vollständig behoben werden. Ich habe dieses Training seither bei über 150 Kindern durchgeführt, und in 97 % der Fälle haben wir das Ziel erreicht. (Die anderen 3 % haben vorzeitig abgebrochen, teilweise aus familiären Gründen.)

Dritter Schritt:
Akzeptieren Sie, dass die Lehrkraft anderer Meinung ist als Sie, und bedenken Sie dabei auch, dass der Lehrer Ihr Kind unter

anderen Umständen kennt als Sie. Beide Sichtweisen stimmen vermutlich. Sie werden es jedoch nicht schaffen, Ihr Gegenüber vom Gegenteil zu überzeugen.

Vierter Schritt:
Schauen Sie jedes Mal, wenn Sie in eine Situation schlittern, die Ihnen bekannt vorkommt, von Neuem genau hin. Was können Sie diesmal anders machen, damit sich die Situation besser auflöst? Egal, was Ihnen einfällt, tun Sie etwas anderes als beim letzten Mal.

Kapitel 3.3 Sisyphus lässt grüßen

Der Nachwuchs bringt uns manchmal zur Verzweiflung. Doch besonders Mütter neigen dazu, später – wenn die Zwerge erwachsen sind – wehmütig auf diese Ereignisse zu schauen und so zu tun, als wäre das alles eine Lappalie gewesen.

Katholisch erzogen, wie ich nun mal bin, erinnere ich mich an einen Satz aus dem Lukasevangelium: „… und Maria bewahrte alle diese Ereignisse in ihrem Herzen." (Lk 1,19)

Als Kind konnte ich damit nichts anfangen, denn mir war klar, dass Mütter sich alles merken, was Kinder tun. Zumindest hatte ich bei meiner Mutter immer den Eindruck. Die schönen, lustigen und rührenden Momente wurden samt Foto in einem Album mit handschriftlichen Kommentaren ihrerseits festgehalten. Die weniger schönen wurden bewahrt, um sie einem zu gegebener Zeit immer wieder um die Ohren zu hauen. Ob Maria das auch so gehalten hat? Das mit den Fotos wahrscheinlich nicht.

Dankenswerterweise hat mir mein über alles geliebter Sohn unlängst ein Buch über die Apokryphen – also die von der Kirche nicht zugelassenen Schriften „gefährlichen" Inhalts – geschenkt. Da erfährt man einige Details aus der Kindheit Jesu, die unglaublich spannend sind und einem hie und da ein Lächeln aufs Gesicht zaubern. Demgemäß würde man heute über Söhnchen Jesus sagen, dass er ein verhaltensauffälliges Kind war, dessen Ziehvater auch oft in die Schule pilgern musste, um sich für Jesus zu entschuldigen, weil der in seinem Zorn wieder einmal einen Lehrer erblinden ließ. Aber schweifen wir nicht ab.

Ich bewahre also, wie gesagt, auch alles in meinem Herzen auf, was mein über alles geliebter Sohn David und meine herzallerliebste Tochter Raphaela so an Schönem und auch weniger Schönem fabriziert haben.

Mit Fug und Recht darf ich sagen, dass die beiden in ihrem Verhalten so kreativ waren und mit einer Schlagfertigkeit gesegnet sind, dass ich in ihnen immer wieder meine Meister gefunden habe.

Als ich meine Ausbildung begann, startete auch mein damaliger Ehemann dieselbe, was naturgemäß dazu führte, dass wir uns oft über die Lerninhalte und Ansichten zu Hause austauschten und auch diverse Dinge ausprobierten, speziell wenn es um Kommunikationsmuster ging.

Eines Tages saßen mein Mann Heinz, jetzt mein sehr geschätzter Exmann Heinz, David und ich am Frühstückstisch. Heinz und ich fachsimpelten über ein sprachliches Muster, bis uns David mit seinen 13 Jahren heftig unterbrach: „Könnt ihr bitte einmal etwas Normales reden? Oder bringt es mir bei, damit ich mitreden kann."

Mein Mann und ich hielten das für eine tolle Idee, es ihn zu lehren bzw. lernen zu lassen – was sich schon bald als schwerer Fehler herausstellte, weil er uns recht rasch rhetorisch überlegen war, was noch nicht so schlimm gewesen wäre, aber leider verfuhr er auch so mit seinen Lehrkräften, was uns wieder diese furchtbaren Einträge im Mitteilungsheft einbrachte. David war also dann mit 16 Jahren der jüngste Mensch, der in Österreich eine NLP-Ausbildung absolviert hatte.

Im Jahr 2004 wurde ich dann mit meiner herzallerliebsten Tochter Raphaela gesegnet, die, wie schon erwähnt, damals bereits 15 Jahre war. (Jetzt wird mir einiges klar, was die Jungfrauengeburt angeht.) Wir machten den gleichen Fehler noch einmal und ließen ihr eine NLP-Ausbildung angedeihen. So nahm das Schicksal also seinen Lauf und manche Alltagssituationen, wie Sie sie vermutlich auch kennen, nahmen bizarre Formen an.

Eines Tages schienen unsichtbare Taliban in unsere Wohnung eingedrungen zu sein, um eine Bombe in Raphaelas Zimmer zu werfen. Zumindest hatte ich den Eindruck, dass es so gewesen sein musste, denn ein einziger weiblicher Teenager kann kein solches Chaos anrichten.

Aber lassen Sie uns die weitere Entwicklung dieser Situation einmal genauer ansehen ...

Ich bin bereits auf dem Sprung in einen Kurs und auch schon etwas gestresst. Raphaela hat an diesem Tag keine Schule und ist entsprechend langsam in der Frühe unterwegs. Ich werfe einen Blick in ihr Zimmer, unterdrücke einen Herzinfarkt und einen Amoklauf und sage dann zu Raphaela: „Räum bitte dein Zimmer auf, das ist ja der reinste Wahnsinn!" Ich lasse noch eine Litanei vom Stapel, warum es sinnvoll ist, aufzuräumen usw. Meine herzallerliebste Tochter nickt und sagt: „Ich mach das eh dann."

Dann. Ein Wort, das bei Jugendlichen wegen ihres mangelhaft ausgebildeten Sinns für Zeitabläufe Verschiedenes heißen kann. „Dann" kann in zehn Minuten sein oder aber auch in fünf

Stunden, morgen oder eventuell in drei Jahren. Das in Spanien übliche „Manana" ist ein ähnlich dehnbarer Begriff. Ich sage ihr nochmals eindringlich, dass „dann" bei mir eigentlich „jetzt sofort" heißt. Sie nickt wieder gemächlich und meint: „Ja, ich mach es eh." Der beigefügte Tonfall lässt vermuten, dass die Botschaft in Wahrheit heißt: „Geh mir bitte nicht mit Nebensächlichkeiten auf die Nerven."

Ich mache mich auf den Weg zur Arbeit, und da ich immer an das Gute im Menschen glaube, wage ich zu hoffen, dass meiner Anordnung Rechnung getragen wird. Denkste.

Nach einem anstrengenden Kurstag mit mühsamen Teilnehmern komme ich erschöpft nach Hause. Raphaela sitzt im Türkensitz auf der Couch, sieht fern und mampft Semmel mit Kürbiskernöl – ihr Lieblingsessen. (Bitte nicht nachfragen!) Die Tür zu ihrem Zimmer ist zu. „Hallo Raphie", begrüße ich sie. „Hm", sie winkt mir zu, ohne den Blick vom Fernsehapparat abzuwenden. Ich verzichte auf eine weitere Unterhaltung, die meinerseits nur aus Fragen an sie und ihrerseits nur aus Antworten wie „Ja", „Nein", „Nix", „Kennst nicht" bestehen würde. Ich beschließe, zuerst einmal daheim anzukommen, den Einkauf zu verstauen usw.

Doch dann kommt mir die unheilvolle Idee, Wäsche einzusammeln und Wäsche zu waschen. Dazu muss ich natürlich auch in Raphaelas Zimmer. Ich öffne also die Tür und kann mich des Eindrucks nicht erwehren, dass die Amerikaner tagsüber zum Gegenschlag ausgeholt und die vollkommene Verwüstung in den 15 m2 angerichtet haben. „Dann" ist offenbar noch nicht eingetreten.

Mir platzt der Kragen (keine Spur von Erleuchtung, leider!) und ich rase ins Wohnzimmer, wo ich das herzallerliebste Töchterlein anplärre: „Dein Zimmer ist noch immer nicht aufgeräumt!" Mein Blutdruck ist bei 250. Mein Herz rast. Ganz im Gegenteil zu dem meiner Tochter, die mich ganz ruhig ansieht und dann sagt: „Und weiter?"

Ich bin wie vom Donner gerührt. Mit so einer Reaktion habe ich nicht gerechnet. Das kann jetzt einfach nicht wahr sein! Ich kann nur stammeln: „Aber du hast versprochen, du machst es!" Raphie lässt den NLPler raushängen. „Nein", sagt sie, „ich habe gar nichts versprochen. Ich habe gesagt, ich mache es dann." Das stimmt leider. Mist!

„Und wann ist bei dir dann?", frage ich erbost. „Nicht jetzt", erklärt sie mir seelenruhig. Grrrrrr! „Jetzt muss ICH es wieder tun!", werfe ich ihr vor. „Wer sagt das?", tönt es von der Couch. „Na, wenn du es nicht tust", fahre ich fort, „muss ich es machen, wenn ich ein aufgeräumtes Zimmer haben will." Sie lässt sich nicht aus der Ruhe bringen: „Es ist MEIN Zimmer und die Frage ist, ob ICH ein aufgeräumtes Zimmer haben will. Das ist ja auch eine Sisyphusarbeit. Ich räume es auf und morgen sieht es wieder so aus." Woran könnte das bloß liegen?

„Du musst ja nicht hineinschauen. Deshalb war ja auch die Tür zu." Ist das zu fassen? Der kleine Frechdachs! „Sei nicht so frech", schleudere ich ihr entgegen. „Ich hab geglaubt, das heißt ‚Reframing' und nicht ‚frech'", antwortet sie. („Reframing" ist ein Fachbegriff für kreatives Umdeuten im NLP – aber darauf kommen wir noch.) „Und DU hast es mir beigebracht", setzt sie noch hinzu. Ich schnaube vor Wut. Ich überlege mir, ob ich auf der Stelle verrückt werden oder lieber den Rat ihrer Mutter befolgen soll, sie an einen Mädchenhändler zu verkaufen. Ich entscheide mich für das Verrücktwerden, packe Putzzeug usw. und beginne tatsächlich, ihr Domizil in Ordnung zu bringen.

Zwei Stunden später ist alles erledigt. Mein Mann dürfte den Braten gerochen haben und ist länger in der Firma geblieben, um einer Aufräumaktion und leidigen Streitereien zu entgehen. Als er heimkommt, schildere ich ihm die Situation (natürlich aus der Opferrolle heraus) und schließe mit den Worten: „Und wer hat dann, glaubst du, aufgeräumt? Ich wieder." Raphaelas Stimme aus dem Hinterhalt lässt nur verlauten: „Und wer hat dir gesagt, dass du das tun sollst?"

Der Rest ist Schweigen.

Auch aus dieser Geschichte lassen sich zumindest zwei Lehren ziehen:

Erstens: Lassen Sie Ihre Kinder niemals gescheiter werden, als Sie selbst sind.

Das war natürlich nur Spaß.

Und die zweite, ernsthafte: Auch wenn die Art und Weise möglicherweise jugendlich patzig war, so hatte Raphaela doch Recht. Niemand hat mich gezwungen, ihr Zimmer, das ich 6 Tage pro Woche nicht betrete und deshalb auch nicht für mich nutze, aufzuräumen. Ihr Zimmer ist ihr Reich. Mit 15 oder 16 Jahren ist der Erziehungsprozess für „Wir lernen jetzt Zimmer aufräumen" längst passé. Das muss als Kleinkind verinnerlicht werden. Da hatte ich aber keinen Zugriff auf sie. Kinder sollen Ordnung nicht nur deshalb lernen, damit es daheim perfekt aussieht, sondern hauptsächlich deshalb, um Strukturen zu erkennen und Handlungsabläufen (Prozessen) folgen zu können. Ordnung und Struktur sind im Gegensatz zum Chaos kein angeborenes Verhaltensmuster, sondern müssen erst angeeignet werden.

Ordnung und Struktur waren für Raphaela in Wahrheit nie ein Problem. Als Köchin ist das eine Grundvoraussetzung. Daheim entschied sie sich jedoch dafür, dass ihr das Chaosmuster lieber ist. Auch daraus können Sie wieder sehen – in Anlehnung an die vorigen Geschichten –, dass jeder Mensch in jeder Situation anders tickt. Ist sie nun ein ordentlicher oder ein unordentlicher Mensch? Beides gleichermaßen. Es kommt auf die Umgebung und die Situation an.

Bis zu ihrem Auszug hat sie aber auch verstanden, dass Reframing nicht das Universalmittel gegen lästige Mütter ist, sondern dass man sich mit manchen Regeln arrangieren kann, und dazu gehört eben auch das Akzeptieren einer Hausordnung.

Was hat es nun mit diesem Reframing auf sich?

Wie schon gesagt, ist damit „kreatives Umdeuten" gemeint. „Frame" ist Englisch und bedeutet „Rahmen". Wörtlich könnte man „Reframing" also mit „in einen neuen Rahmen stellen" übersetzen.

Ganz grob kann man drei Arten von Reframings unterscheiden. Zwei davon haben Sie vielleicht schon einmal als „Einwandbehandlung" in Verkaufsseminaren kennengelernt – oder auch am eigenen Leib erfahren, wenn Sie ein Produkt kaufen wollten und der Verkäufer die Nachteile plötzlich in Vorteile verwandelte. Ohne nun genauer in die Theorie einzusteigen, kann gesagt werden, dass beim sogenannten „Kontextreframing" ein Verhalten, das in einer gewissen Umgebung unerwünscht ist oder als unangenehm erlebt wird, in einem anderen Kontext jedoch durchaus sinnvoll sein kann. Nehmen wir als Beispiel das Verhalten „jemanden anschreien". Einen Polizisten anzuschreien, ist keine gute Idee! In diesem Rahmen ist sein solches Verhalten eher unerwünscht. Einen Betrunkenen anzuschreien, der einen auf der Straße anpöbelt – das kann durchaus Sinn haben, um ihn zu vertreiben. Das Verhalten an sich ist somit weder gut noch schlecht, der Rahmen muss richtig gewählt sein. Alles klar?

Beim sogenannten „Bedeutungsreframing" wird die Bedeutung einer Situation oder eines Verhaltens verändert. Einen Klassiker unter den Situationen, in denen ein Bedeutungsreframing angebracht ist, möchte ich Ihnen kurz vorstellen: Eine Jungverliebte schreibt ihrem Holden ein SMS nach dem anderen. Der Angebetete schreibt aber leider nicht im Minutentakt zurück. Das interpretiert die Dame als: „Wenn er nicht mehr zurückschreibt, heißt das, er liebt mich nicht mehr." Das kommt Ihnen sicher bekannt vor, oder? In diesem Fall könnte man darauf verweisen, dass der Herzbube in einer Besprechung weilt oder der Akku des Handys leer ist oder das Handy im Auto vergessen wurde. Man könnte jetzt meinen, dass es sich dabei um „Schönreden" handelt. Vielleicht ein bisschen. Wenn das Reframing jedoch fachgerecht durchgeführt wird, dann wird damit eine höhere Werteebene angesprochen, und das mit einer guten Portion Rapport.

Im Grunde geht es beim Reframing darum, das auf jeden Fall vorhandene Gute im vermeintlich Schlechten zu finden. Jede Situation, auch wenn sie noch so entsetzlich ist, hat etwas Gutes. (Das wollen jetzt sicher einige von Ihnen nicht hören.) Und auch alles Gute enthält einen Wermutstropfen.

Sie glauben mir nicht?

Als Raphaela, die unter widrigsten Umständen aufgewachsen ist, deren Erzählung wieder ein eigenes Buch füllen würde, zu uns kam, hörte ich von vielen Seiten, wie arm sie sei, dass ihre Mutter sich entschieden hatte, sie in eine Pflegefamilie zu geben. Was für eine Mutter müsse das sein! Viele Schimpfkanonaden wurden auf die Mutter abgelassen, die in Wahrheit niemand kannte. Zugegeben: Die Dame war nicht ganz einfach, um es einmal dezent auszudrücken. Ich persönlich kann ihr jedoch nicht böse sein, denn durch ihre Entscheidung habe ich eine Tochter bekommen, die mein Leben erst so richtig vollständig gemacht hat. Wäre sie besser bei der Mutter aufgehoben gewesen? Keine Ahnung! Es wäre jedoch für Raphaela wesentlich schwieriger gewesen, das zu werden, was sie heute ist: Eine selbstbewusste junge Frau, die mit beiden Beinen im Leben steht.

Die Technik, die Raphaela in der vorhin erzählten Geschichte angewendet hat, nennt man „Power-Reframing". Dadurch soll ein gerade laufendes, ungünstiges Verhaltensmuster möglichst schnell unterbrochen werden, damit die Situation überdacht werden kann.

Meine Aussage „Das Zimmer ist noch immer nicht aufgeräumt!" ist ja tatsächlich nur eine Feststellung. Was ich in Wahrheit jedoch gemeint hatte, war: „Bist du wahnsinnig, wieso hast du immer noch nicht aufgeräumt, wo ich es dir doch befohlen habe!" Ich wollte eine Rechtfertigung oder zumindest eine Erklärung, um dann mit gutem Recht böse auf sie zu sein, weil sie meine Anordnung nicht befolgt hat. Meine Ausdrucksweise war aber denkbar schlecht und ungenau.

Raphaela tat – erinnern Sie sich an das Dramadreieck aus dem ersten Teil – das einzig Richtige. Sie stieg nicht ins Drama ein, sondern unterbrach es gleich am Anfang durch das Power-Reframing, indem sie fragte: „Und weiter?" Damit war ich erst einmal perplex und musste eine neue Strategie suchen. Zweitens hat Raphaela sich richtig verhalten, indem sie eine Metamodellfrage stellte. Sie fragte mich nämlich, wer denn behauptet habe, ich müsste das Zimmer aufräumen. Tatsächlich hat das niemand von mir verlangt, es war nur meine persönliche Vorstellung. Auch das kann ein Anlass sein, um darüber nachzudenken, wessen Weltbild eigentlich am Drücker ist.

Alternativen zu „Und weiter?" sind unter anderem: „Ja, und?", „Nein, wirklich?", „Echt?", „Wow!".

Zu meinen persönlichen Favoriten zählt: „Muss schirch sein!" (schirch = häßlich)

Sie können das immer dann anwenden, wenn Ihnen jemand einen als Fakt getarnten Vorwurf an den Kopf schleudern möchte oder sich über etwas beschweren will.

Wenn ein Gast dem vorbeihuschenden Kellner z. B. zuraunt: „Die Suppe ist zu heiß" Aha. (auch ein Power-Reframing übrigens),

Was genau soll der Kellner dann machen? Schließlich handelt es sich dabei nicht um eine genaue Wunschäußerung des Gastes. Natürlich weiß der Kellner genau, was der Gast will, und um ihn nicht zu vertreiben, sollte er sich vielleicht hier das Reframing ersparen.

Im ganz normalen Umgang mit Mitmenschen ist das Power-Reframing jedoch schon ein probates Mittel, um Menschen anzuhalten, ihre Bedürfnisse und Wünsche korrekt zu äußern.

Wie also vorgehen?

Erster Schritt:
Hören Sie genau hin. Äußert da jemand gerade eine Klage oder einen Vorwurf, der als Tatsache getarnt ist?

Zweiter Schritt:
Antworten Sie nicht sofort, schon gar nicht zum Inhalt der Aussage selbst. Und vor allem: Rechtfertigen Sie sich nicht.

Dritter Schritt:
Versuchen Sie, Rapport aufzunehmen, und probieren Sie ein Power-Reframing. Achten Sie dabei auf die Reaktion Ihres Gegenübers. Verändert sich die Körperhaltung in Richtung Überraschung oder Verwirrung, haben Sie einen Treffer gelandet. Wenn nicht und der Redeschwall geht weiter, probieren Sie etwas anderes.

Vierter Schritt:
Hat das Power-Reframing gewirkt, warten Sie ab, was passiert. Fragt Ihr Gesprächspartner, wie Sie das meinen oder was Sie

überhaupt zur Situation zu sagen haben, haben Sie wiederum mehrere Möglichkeiten:

1. Davonlaufen.
2. Einen Universalsatz verwenden, wie: „Ich bin gerade so überrascht, dass ich gar nichts sagen kann."
3. Finden Sie das Gute im Schlechten.

Fünfter Schritt:
Schauen Sie jedes Mal, wenn Sie in eine Situation schlittern, die Ihnen bekannt vorkommt, von Neuem genau hin. Was können Sie diesmal anders machen, damit sich die Situation besser auflöst? Egal, was Ihnen einfällt, tun Sie etwas anderes als beim letzten Mal.

Kapitel 3.4 Macho, Macho

Nichts ist einfacher und gleichzeitig komplizierter, als eine Beziehung zu führen. Das muss gerade ich sagen, die zweimal geschieden ist. Doch selbst wenn man nach vielen Jahren Ehe dahinterkommt, dass ein Zusammenleben einfach nicht mehr sinnvoll ist, weil einer oder beide Partner unglücklich sind, dann ist es besser, die Trennung zu vollziehen, und zwar so, dass man sich hinterher noch in die Augen schauen kann. Das haben mein tatsächlich sehr geschätzter Exmann Heinz und ich geschafft, worauf zumindest ich sehr stolz bin.

Wichtig ist vor allem, aus den Vorfällen zu lernen, um es beim nächsten Mal besser zu machen. Das Scheitern selbst ist nicht das Thema – aus dem Scheitern nicht zu lernen jedoch sehr wohl.

Von einem, der aus dem Scheitern lernen wollte, erzählt diese Geschichte:

Auf der Betriebsfeier einer meiner Firmenkunden, zu der ich als externe Trainerin eingeladen wurde, lernte ich einen jungen Mann kennen, dem auf dieser Veranstaltung ebenso langweilig war wie mir. Er war auch ein externer Mitarbeiter aus dem IT-Bereich und, wie sich herausstellte, mit seiner eigenen Firma sehr erfolgreich. Er war Anfang 30, unglaublich gut aussehend, mit Witz und Charme, außerdem sehr gebildet auf allen Gebieten. Im Grunde konnte man ihn als Traum aller Frauen bezeichnen, denn er hatte auch noch Geld und ein tolles Auto. Er machte ein bisschen den Eindruck eines Draufgängers, und nachdem einmal klargestellt war, dass ich verheiratet war und er deshalb die Anbraterei sein lassen konnte, wurden wir gute Freunde.

Während der Zeit unserer Freundschaft trafen wir einander regelmäßig zum Austausch und zur Abwechslung. So erfuhr ich irgendwann, dass sein Vater ihn immer schon zu einem richtigen Mann erziehen wollte. Daher waren Gefühlsausdrücke nicht gerne gesehen, denn das sei Gefühlsduselei und mache einen zum Weichei, so der Vater. Nach der Scheidung seiner Eltern wuchs er bei der Mutter auf. Wenn ihn der Vater am Wochenende für zwei Tage zu sich holte, wurde er wieder abgehärtet. Dabei hat er auch einiges gelernt: z. B. Dass Frauen da waren, um sie zu verführen – das jedoch nach allen Regeln der Kunst. Später sollte man sich eine durchschnittliche Frau suchen, mit der man dann Kinder hatte, und für das Vergnügen sollte man sich dann eben eine oder mehrere andere Frauen genehmigen.

Er wusste, dass das falsch war, aber gelernt ist nun einmal gelernt, und diese Einstellung hatte ihn tatsächlich beziehungsunfähig gemacht. Für ihn war es schon eine Beziehung, wenn er dreimal mit der gleichen Frau ins Bett ging. Durch seinen Charme und sein gutes Aussehen, seine Beredsamkeit und guten Manieren verliebten sich die Damen auch reihenweise in den Helden. Doch jedes Mal, wenn er dahinterkam, dass er einer Frau etwas bedeutete, bog er so schnell wie möglich ab. Das machte er übrigens sehr geschickt (was jetzt keine Anleitung für den neugierigen Leser sein sollte).

Interessanterweise nahm das Arbeitspensum plötzlich in dem Maße zu, wie die Herzdame versuchte, einen intensiveren

Kontakt aufzubauen. Leider hatte er dann auf einmal weniger Zeit für diese Frauen und musste Rendezvous absagen oder wurde irgendwie aufgehalten. Das machte er – unbewusst selbstverständlich –, bis die Betreffende aufgab und ihm den Laufpass gab.

Irgendwie merkte er schon, dass es wohl an ihm lag, aber er wusste nicht genau, was der entscheidende Punkt war. Er brachte den Mädels anfangs auch wirklich viel Aufmerksamkeit entgegen, ließ sie reden und erzählen und antwortete adäquat darauf – auch ein Faktor, warum ihm die holde Weiblichkeit so rasch verfiel.

Doch eines Tages ging – oh Wunder – auch für ihn die Sonne auf …

„Hallo Astrid, hier ist John", höre ich Johns tiefe Stimme aus dem Telefon. Er klingt sehr aufgeregt. „Hast du Zeit? Ich muss dir etwas erzählen!" Na, da bin ich jetzt aber neugierig. „Können wir uns zusammensetzen? Am Telefon wird das zu kompliziert!", fügt er hinzu. Das muss ja etwas ganz Interessantes sein. „Klar", stimme ich zu und kann kaum erwarten, zu erfahren, was Sache ist.

Wir treffen einander in unserem Stammlokal. John ist völlig aufgedreht und herausgeputzt. „Na?", mustere ich ihn amüsiert. „Was ist denn mit dir passiert?" „Stell dir vor", strahlt er über das ganze Gesicht, „ich habe SIE kennengelernt!" Schade. Ich dachte, er würde mir etwas Neues erzählen. „Nicht schon wieder", stöhne ich. „Nein!", ruft er. „Wirklich! Diesmal ist SIE es wirklich!" „Und woran glaubst du das zu erkennen? Vielleicht, weil du schon dreimal mit ihr in der Kiste warst und ein viertes Mal willst?", ärgere ich ihn. „Nein!", lacht er. „Das war früher! Jetzt ist es anders!" Was für ein Glück!

John beginnt zu schwärmen, wie toll seine neue Flamme sei und dass er sie nun schon vier Wochen kenne, und es wäre nie langweilig und, und, und. „Diesmal", seufzt er, „ist es ernst. Ich will mit ihr zusammenbleiben! Und sie will das auch." Au weia. Das scheint ja wirklich ernst zu werden. Ich gebe ihnen zehn Wochen – eine Ewigkeit also. „Und was willst du jetzt von mir? Du hast mich ja sicher nicht nur hergebeten, um mir das zu erzählen?", frage ich. „Nein, du hast Recht!", stimmt er zu. „Ich möchte, dass du mir hilfst, mich zu verändern. Ich möchte wissen, woran es liegt, dass ich beziehungsunfähig bin, und daran arbeiten." Ha! Die nächsten 15 Jahre ist mein Verdienst gesichert, wobei ich ihm die Frage, warum er beziehungsunfähig ist, sofort beantworten könnte.

„O.k.", willige ich ein, „wie stellst du dir das vor?" Er schildert mir seinen Plan, und der ist recht ausgefeilt. Zuerst würde er sich von mir ein Verhaltensmusterprofil erstellen lassen und dann an den für Beziehungen ungünstigen Verhaltensmustern arbeiten. Im zweiten Schritt würde er alte Familienthemen mit mir aufarbeiten. Eigentlich ganz vernünftig. Wir vereinbaren einen Termin für den ersten Schritt

John erscheint wie immer pünktlich und unterzieht sich dem Verhaltensmustertest. Das Ergebnis überrascht mich keineswegs. Es sagt aus, dass er an Menschen überhaupt nicht interessiert ist, sondern ausschließlich an Informationen. Deshalb kann er auch so gut zuhören – bis er alle Informationen über die betreffende Person hat, dann ist sie uninteressant für ihn und seine Arbeit rückt wieder mehr in sein Blickfeld. Das allein würde schon ausreichen, um den Aufbau nachhaltiger Beziehungen zu verhindern.

Außerdem ist da auch noch eine extrem stark ausgebildete interne Referenz, was bedeutet, dass er seine Entscheidungen ausschließlich auf Grundlage seiner eigenen Meinung trifft. Jeglicher Input von außen wird abgelehnt. Zusammen mit noch ein paar anderen Verhaltensmustern ergibt das einen Mix, der einer längeren Beziehung eher abträglich ist. Aus den Schilderungen über seine Freundin und den Fragen, die ich ihm über sie stelle, kann ich mir eine Vorstellung von ihrem Profil basteln – und das verheißt nichts Gutes.

John hingegen ist über alle Maßen erstaunt über seinen Test und ist sehr einsichtig. Ich gebe ihm Tipps, wie er sein Verhalten optimieren kann. Dann höre ich längere Zeit nichts von ihm.

Ungefähr drei Monate später ruft John mich wieder an und wir treffen einander. Er ist am Boden zerstört. Seine Beziehung ist in die Brüche gegangen. „Ich weiß nicht, was es war", klagt er. „Ich hab alles getan, was wir besprochen haben, und es lief auch gut. Na ja, du weißt ja, mit Gefühlsduselei habe ich es halt nicht so. Sie wollte ständig wissen, wie ich fühle und so – und na ja, da bin ich schon immer ausgewichen. Das hat sie immer wieder bekrittelt. Aber immerhin habe ich ihr meine Gefühle in Taten gezeigt, mit Blumen usw." Ich hasse es, wenn ich Recht habe, geht mir gerade durch den Kopf. „Was hat sie gesagt, als sie Schluss gemacht hat?", frage ich. „Nichts." „Wie, nichts?", bin ich erstaunt. „Nichts! Wir hatten eine tolle Nacht, eine sensationelle, um genau zu sein", schildert er. Bilder aus dem Kopf! Bilder aus dem Kopf! „Und dann ist sie für immer gegangen." Ja, ja. Ganz sicher.

„O.k.", sage ich, „was ist zwischen ‚toller Nacht' und ‚für immer weggehen' gewesen?" „Och", druckst er herum, „nichts Weltbewegendes." „Für dich wahrscheinlich nicht, aber für sie offenbar. Jetzt erzähl schon!", dränge ich ihn. Widerspenstig fährt er fort: „Na ja, wir sind halt so im Bett gelegen und es war eben gerade supertoll, und ich war über die Maßen glücklich. Da fragt sie plötzlich: Woran denkst du gerade?" Oh nein. Ich ahne Schlimmes.

„Du hast hoffentlich etwas Romantisches darauf gesagt?!", bohre ich nach. Er schüttelt schweigend den Kopf. Ich fasse es nicht. „Dann hast du hoffentlich geschwiegen und Taten sprechen lassen?!" Ich komme mir vor wie bei einem Verhör. Wieder schüttelt er schweigend den Kopf. Mir gehen die Ideen aus. Mein ungutes Gefühl wird stärker. „Also los! Was hast du gesagt?"

Welche Worte können eine Frau nach einer tollen Liebesnacht dazu veranlassen, in der nächsten Sekunde aus dem Bett aufzustehen und den Mann für immer zu verlassen? Sie kommen nicht darauf, da wette ich.

John seufzt: „Ich habe gesagt: Deine Beine sind schlecht rasiert."

Shakespeare hatte nicht Recht mit: „Schwachheit, dein Name ist Weib!" Es muss heißen: „Schwachheit, dein Name ist John!"

An dieser Stelle ein Appell an alle Männer, die diese Seiten gerade lesen: Es mag ja sein, dass Sie sich schwertun, Gefühle zu äußern, besonders in Form der drei berühmten Wörter. Wenn Sie jemand fragt, woran Sie gerade denken, haben Sie drei Möglichkeiten, von denen Sie bitte in Zukunft Gebrauch machen, damit die Trennungsrate wieder ins Lot kommt:

1. Wenn Sie nichts empfinden und das verheimlichen wollen, lügen Sie!
   Die gnädige Lüge ist für eine Frau leichter zu ertragen als die Wahrheit.
   Es gibt genügend andere Trennungsgründe, falls Sie eine solche in Erwägung ziehen.

2. Sagen Sie den Universalsatz: „Schatz, ich kann momentan gar nichts sagen, ich bin überwältigt."
   Was immer das für Sie bedeutet, Ihre Partnerin wird es als Kompliment auffassen.

3. Schweigen Sie geheimnisvoll und lassen Sie Taten sprechen.

Was Sie niemals, niemals, niemals und auf gar keinen Fall jemals sagen sollten, sind Sätze wie:

„Deine Schenkel/dein Bauch ... sind zu fett", „Deine Beine sind schlecht rasiert", „Ich hab gerade an die Firma gedacht", „Ich frage mich, was meine (Ex-)Frau dazu sagen würde", „Hab ich dir eigentlich schon gesagt, dass ich verheiratet bin?", „Hast du eine Freundin, die beim nächsten Mal mitmachen will?", und Ähnliches.

Und jetzt der Appell an alle Damen, die diese Seiten gerade lesen: Es mag ja sein, dass Sie sich irgendein Lob oder einen verbalen Gefühlsausdruck wünschen, nur sind die meisten Männer für so etwas nicht geschaffen. Wenn Sie sich selbst etwas Gutes tun wollen, fragen Sie in solchen Situationen niemals, niemals, niemals und auf gar keinen Fall: „Woran denkst du gerade?"

Verhaltensmuster werden in der Kindheit geprägt, lassen sich aber durchaus verändern. In unserem Fall ist John von Kindheit an schizoid veranlagt (siehe das Buch: „Grundformen der Angst" von Fritz Riemann). Das bedeutet, seine größte Angst ist die vor Beziehungen. Oft rührt dies daher, dass das Baby nicht lernen konnte, eine Beziehung zur Mutter oder zum Vater aufzubauen, weil es frühzeitig von einem Elternteil getrennt wurde.

Ein Grund dafür könnte eine schwere Krankheit bei der Mutter, dem Vater oder dem Kind gewesen sein, die einen langen Krankenhausaufenthalt nach sich zog. Stellen Sie sich das so vor: Sie als Baby bauen gerade eine Beziehung zu einem Menschen auf und plötzlich – plopp – ist dieser Mensch verschwunden. Das sitzt tief. Später wird das Kind immer wieder Freundschaften oder Beziehungen beginnen und nach einer Zeit abbrechen, weil es nicht gelernt hat, über einen gewissen Punkt hinauszukommen. Es entsteht die Angst vor dem, was sein könnte, wenn das klappt.

Genauso war es bei John. Er hatte als Baby eine schwere Lungenentzündung und war wochenlang im Krankenhaus. Die Mutter kam ihn täglich besuchen, doch nur stundenweise, weil sie arbeiten musste. Als Kleinkind musste John dann mit ansehen, wie die Ehe in die Brüche ging, vor allem wegen der Fehltritte des gestrengen Vaters. Er merkte sich also, dass auch Ehen nicht von langer Dauer sind. Und so kommt ein Puzzlestein zum anderen.

Der Gegenpol zum Schizoiden ist gemäß Riemann der depressive Typ, dessen größte Angst es ist, KEINE Beziehung zu haben, und der alles bis zur Selbstaufgabe tut, um eine Beziehung aufrechtzuerhalten. Das kann auch sehr anstrengend sein.

Und jetzt stellen Sie sich vor, ein Schizoider und ein Depressiver kommen zusammen. Viel Vergnügen.

Die Beziehungsangst nach Riemann ist eine der basalsten Ängste der Menschheit, und zwar von beiden Polen her gesehen.

Die zweite große Angst ist die vor Veränderung. Auch hier gibt es zwei Pole: Einerseits die Angst vor Veränderung, welche wir gemeinhin als „zwanghaft" beschreiben. Nichts darf sich verändern, am besten bleibt alles so, wie es ist. Oder die andere Seite: Ich habe Angst davor, dass sich nichts verändert, deshalb lege ich mich nie fest, bin unstet und unverbindlich.

Wie kann man nun Beziehungen auffrischen bzw. stabilisieren?

Erster Schritt:
Schauen Sie immer wieder genau hin. Ihr Partner ist nicht jeden Tag der Gleiche. Begegnen Sie ihm jedes Mal so, als würden Sie ihn gerade erst kennenlernen.

Zweiter Schritt:
Sagen Sie niemals: „Du hast dich so verändert, früher warst du so ..." Es besteht eine sehr große Wahrscheinlichkeit, dass Sie sich ebenfalls verändert haben und die Dinge nun anders betrachten. Vielleicht haben auch nur SIE sich verändert.

Dritter Schritt:
Ihre Beziehung geht niemanden etwas an. Natürlich können Sie gewisse Probleme mit Ihren FreundInnen besprechen, wenn es Ihnen nicht gut geht. Jedoch sollten Sie niemals, niemals, niemals und auf gar keinen Fall intime Details über Ihre Beziehung und – noch schlimmer – über Ihr Sexualleben kundgeben. Nicht einmal Ihre allerbeste Freundin sollte Details darüber erfahren, denn Sie können nie wissen, wie lange sie noch Ihre beste Freundin ist. Zur Sicherheit rufe ich noch ins Gedächtnis, dass Ihre Kinder Ihre Kinder sind und nicht die besten Freunde.

Vierter Schritt:
Schauen Sie jedes Mal, wenn Sie in eine Situation schlittern, die Ihnen bekannt vorkommt, von Neuem genau hin. Was können Sie diesmal anders machen, damit sich die Situation besser auflöst? Egal, was Ihnen einfällt, tun Sie etwas anderes als beim letzten Mal.

Kapitel 3.5   Der Mantel

Ich erlebe immer wieder, dass mir Menschen erzählen, mit Verkauf hätten sie nichts am Hut. Sie seien keine Verkäufer und würden nie welche werden. Verkauf scheint von vielen als minderwertige oder unseriöse Tätigkeit eingestuft zu werden. Dabei verkaufen wir jeden Tag! Jedes Mal, wenn Sie jemanden anlächeln, um einen guten Eindruck zu hinterlassen, verkaufen Sie sich selbst. Sie wollen ja schließlich im Gedächtnis bleiben.

Bei einem Bewerbungsgespräch zeigen Sie sich von Ihrer besten Seite, ziehen vielleicht sogar Ihr bestes Kostüm bzw. Ihren besten Anzug an, was Sie sonst nie tun. Auch das ist Verkauf. Vermutlich verbinden manche Leute Verkauf mit Keilerei, also ein Bedrängen des Kunden, bis er nicht mehr „Nein" sagen kann und dann mit irgendeinem Ramsch nach Hause geht.

Ich selber habe ein großes Verkaufstalent, welches ich jedoch erst so richtig einsetzen musste, als ich mich selbstständig machte. In meinem Beruf ist das ein besonderer Vorteil, denn ich bin eine exzellente Trainerin, was aber allein noch nicht ausreicht, um Kunden zu akquirieren. Viele meiner Kollegen sind ebenfalls ganz hervorragende Trainer, haben aber für Verkauf nichts übrig. Teilweise fehlt ihnen die Kompetenz dazu, teilweise wollen sie diese auch nicht erlernen, aus oben genannten Gründen. Nun, ich persönlich bin da sehr pragmatisch. Ich liebe meinen Beruf über alles und finde enorm viel Sinn darin, Menschen auf den Weg zu helfen. Wenn ich ihnen jedoch nicht sage, dass es mich gibt und was ich kann, können sie den Weg zu mir nicht finden.

Am Anfang meiner Selbstständigkeit war es auch für mich schwer, zu verkaufen. Als Angestellte musste ich mich mit diesem Problem gar nicht auseinandersetzen, denn am Ende des Monats war Geld auf dem Konto, egal, ob ich etwas verkauft hatte oder nicht. Als Unternehmerin ist das etwas völlig anderes. Wenn ich nicht erfolgreich akquiriere, kommt eben kein Geld aufs Konto. Diese Tatsache beeinflusst die Verkaufstaktik natürlich gewaltig. Damit haderte ich anfangs sehr, weil ich einen Satz meines Vaters noch im Kopf hatte, der wiederholt sagte: „Verkäufer sind alles Pilcher!"

Ich weiß nicht, ob Sie das Wort „Pilcher" (wienerisch ausgesprochen: Pücher) kennen. Es ist fast gleichzusetzen mit dem Wort „Strizzi". Ah – das kennen Sie auch nicht. Macht ja nichts. Niemand ist vollkommen. „Strizzi" ist ursprünglich eine Wiener Bezeichnung für „Zuhälter" (das muss ich jetzt aber hoffentlich nicht erklären) und wurde dann auch für „Schlawiner" (wie schaut es damit aus?) bzw. „Ganove" verwendet. Ein Pilcher ist also so etwas wie ein Halunke.

Mein Vater war demnach der Meinung, Verkäufer seien alles Halunken/Halsabschneider/Schlitzohren.

Übrigens! Woher kommt das Wort „Schlitzohr"? Na? Genau! Im Mittelalter war es bei Herren sehr modern, zumindest in einem Ohr einen Ohrring zu tragen. Die gängige Strafe für Betrüger war, ihnen den Ohrring aus dem Ohrläppchen zu reißen, damit man gleich sehen konnte, dass derjenige ein Betrüger war.

Daher das Wort „Schlitzohr". Gut! Ich höre ja schon auf, Sie mit solchen Dingen zu nerven.

Wo war ich stehen geblieben? Ah ja. Mein Vater. Ich hörte das als Kind sehr oft, es betraf mich aber nicht. Der Satz fiel mir dann jedoch wieder ein, als ich mich mit dem Verkauf meiner Dienstleistungen auseinandersetzen musste. Ich hatte ein schlechtes Gefühl dabei und wusste nicht, wieso. Bis mir klar wurde, dass ich scheinbar Angst davor hatte, mein Vater könnte mich auch als „Pilcher" bezeichnen, wenn ich nun ein bisschen mehr Gas beim Verkaufen geben würde.

Ich rief ihn also an und fragte ihn, ob es für ihn ein Problem sei, wenn ich als seine Tochter nun sozusagen unter die Pilcher ging. Mein Vater war daraufhin sehr erstaunt und wusste gar nicht gleich, was ich meinte. Ich erzählte ihm von diesem Satz, den er so oft von sich gegeben hatte. Seine Antwort hat mich völlig überrascht. Er sagte: „Wieso? Das ist doch ein Kompliment!" Jetzt erst verstand ich ihn. Er hatte die Verkäufer insgeheim immer bewundert, die mit mehr oder weniger eleganten Methoden Kunden dazu brachten, ihr Produkt zu kaufen. Mein Vater war Techniker und auf dem Verkaufsgebiet nicht versiert. Sehr zum Leidwesen meiner Mutter handelte er in jedem Geschäft wie auf einem orientalischen Bazar, aber verkauft hat er nie wirklich. Daher hatte mein Vater offenbar einen großen Respekt vor dieser Tätigkeit bzw. diesem Beruf.

So stand mir also nichts mehr im Wege, auf Teufel komm raus zu verkaufen. Ausbauen konnte ich diese Fähigkeit jedoch erst nach einem Erlebnis in der Türkei, wo ich den vollendeten Verkäufer fand.

Diese Geschichte will ich Ihnen auf keinen Fall vorenthalten ...

Es war im Jahr 2003. Ich war nebenbei recht erfolgreich in einem Strukturvertrieb für eine Nahrungsergänzung tätig. Ich war überzeugt von dem Produkt und der Firma, und das brachte mir ein zusätzliches Einkommen. Trotzdem war ich mit meinem Unternehmen noch im Aufbau, was es nötig machte, mit Geld gut hauszuhalten.

Bei einem Wettbewerb in diesem Netzwerk gewann ich mit dem ganzen Team meiner Upline einen Urlaub in der Türkei samt Begleitung. Mein Mann und ich konnten also im Oktober einen einwöchigen Aufenthalt in einem Fünf-Sterne-Luxushotel all inclusive verbringen. Ohne diesen Gewinn hätte ich mir diese Reise niemals leisten können. Wir freuten uns deshalb umso mehr.

Es waren auch andere Teams aus der Schweiz und Deutschland angereist, was die Tage noch unterhaltsamer machte. Eine Dame aus der Schweiz, Louise, die eine exklusive Boutique betrieb, war mit Romana, einer Beraterin aus meinem Team, befreundet. Eines Tages kam Romana zu mir und fragte mich, ob ich mit ihr, Louise und noch einem Mädel zu einer Lederfabrik mitkommen wolle. Die Boutiquebesitzerin wolle dort ihre Winterkollektion einkaufen, und diese Lederfabrik sei sehr interessant. Warum eigentlich nicht, dachte ich mir, machte aber sofort klar, dass ich dort garantiert nichts kaufen würde, denn im Augenblick sei ich knapp bei Kasse. Alles kein Problem, wurde mir versichert. Ich müsse gar nichts kaufen. Na gut. Also dann ...

Zu viert wurden wir von einem Bediensteten der Lederfabrik abgeholt und zum Standort gebracht. Das Gebäude sah aus wie ein Palast. Ich war noch am Staunen, als wir das Haus betraten. Innen roch alles nach Leder, leise Musik war zu hören und ausgewählte, sehr exklusive Ledermäntel, -jacken etc. fingen sofort den Blick ein. Während ich mich umsah, trat ein untersetzter Türke von ca. 35 Jahren auf uns zu und begrüßte in akzentfreiem Deutsch die Boutiquebesitzerin. Er begrüßte sie nicht nur, er nannte sogar ihren Namen. Dass er den Namen wusste, wunderte mich kurz, aber sie war schließlich schon öfter da gewesen und kaufte große Mengen ein, da kann man sich einen Namen schon merken.

Der Verkäufer war extrem freundlich, jedoch war das nicht unangenehm. Er führte uns in einen Saal, der einem Theater glich. Ein Laufsteg war da aufgebaut. Attila, der Verkäufer, ließ uns Tee und türkischen Kaffee bringen, erzählte uns die Geschichte des Unternehmens, klärte uns über die einzelnen Lederarten auf und gab uns auch das entsprechende Ledermuster zum Anfühlen in die Hand. Dann wünschte er uns viel Spaß bei der Modenschau. Eine Modenschau? Für vier Personen? Spinnen die? Was für ein Aufwand! Und schon ging es los.

Mit packender Musik und beeindruckenden Lichteffekten führten uns die Models die einzelnen Kleidungsstücke vor. Ich war überwältigt. Ein Ding schöner und exklusiver als das andere. Als die Mäntel an der Reihe waren, war ich mit meinen Nerven am Ende. Da war ein Ledermantel in Schlangenoptik, der hatte es mir angetan. Für mich war aber auch sofort klar, dass ich mir den niemals würde leisten können. Davon konnte ich nur träumen. Während ich das noch tat, war die Vorführung zu Ende und ich musste mich der Realität stellen. Doch das, was dann kam, sollte meine Verkaufstaktik für immer verändern …

Das Licht geht an. Meine Freundinnen schauen, ebenso wie ich, noch recht verdattert aufgrund der vielen Eindrücke. Attila lenkt die Aufmerksamkeit wieder auf sich: „Meine Damen, das war unsere Modenschau. Gleich bringe ich Sie in den Verkaufsraum, da finden Sie auch noch andere Modelle." O.k. Verkaufsraum. Alles klar.

Wir stehen gerade auf, da kommt Attila zu mir, nimmt meine Hand in seine und fragt: „Wie heißen Sie?" „Astrid", kann ich nur stammeln. „Nun, Astrid", fährt Attila fort und tätschelt meine Hand, „welches Modell hat Ihnen am besten gefallen?" Au weh. Ich habe es befürchtet, jetzt will er mir etwas andrehen. In mir steigt Panik auf.

Die Fragestellung allein ist schon sehr ausgeklügelt, weil man darauf nicht „Nichts" sagen kann. Kaum nennt man eine Sache, sitzt man bereits in der Falle. Ich weiß deswegen auch nicht, was ich antworten soll, schließlich war ja auch alles wunderschön. Da fällt mir der Mantel wieder ein. „Da war dieser Mantel, der mit der Schlangenoptik", sage ich verzweifelt. „Ja", stimmt Attila mir zu, „der ist toll, was? Den werden wir uns gleich ansehen!" „Halt, halt", wende ich sofort und in einem bestimmten Ton ein, „ich will ihn nicht kaufen, ich bin heute nur mit den anderen mitgegangen. Ich werde nichts kaufen!" Attila sieht mich vollkommen verwundert an. „Niemand hat etwas von Kaufen gesagt! Sie müssen gar nichts kaufen! Das ist total o.k. Aber Sie können ihn aus der Nähe sehen." Gewonnen! Ich muss nichts kaufen. Ich bin stolz, dass ich das gleich so klargemacht habe. Ha! Bin ich gut!

Attila hakt sich bei mir unter und führt mich in den Verkaufsraum. Lassen Sie mich das bitte eingehend schildern.

„Verkaufsraum" ist für das, was ich dort sehe, nicht das richtige Wort. „Verkaufspalast" schon eher. Jacken und Mäntel so weit das Auge reicht. Dazwischen bequeme Sofas, auf denen man es sich gemütlich einrichten kann, um in die Preisverhandlung zu gehen.

Attila geht mit mir voraus, meine Freundinnen gehen ein Stück hinter mir. Als sie die enorme Vielfalt sehen, höre ich hinter mir Schreie des Entzückens. Attila interessiert deren Euphorie offenbar nicht. Ein Helferlein eilt herbei und Attila fragt mich erneut, ob ich Tee oder Kaffee möchte. Ich liebe den türkischen Kaffee, also entscheide ich mich dafür. Dann führt mich Attila schnurstracks zu einem riesigen Ständer, auf dem ich den von mir bewunderten Mantel erkenne. Neben dem Ständer ist ein mannshoher Spiegel aufgestellt. „Ah, da sind wir ja", vermeldet Attila.

Er greift nach einem der Mäntel und – nein, welch ein Zufall! – es ist genau meine Größe. „Schlüpf doch da mal rein", sagt er lässig und ist auch plötzlich per Du, was mich auch überhaupt nicht stört. Na gut. Reinschlüpfen kann ich ja. Das kostet ja nix. Ich stehe direkt vor dem Spiegel, als er mir in den Mantel hilft. Alter Schwede! Der Mantel passt wie angegossen und ich sehe so toll darin aus, dass mir der Mund offen bleibt. „Na, was sagst du?", fragt Attila. „Ich – äh – wow!" Ich kann nicht mehr sagen. Ich starre in den Spiegel und bin gerade dabei, den Verstand zu verlieren, als Attila sich zu meinen etwas weiter entfernten Freundinnen umdreht und ruft: „Hey, guckt mal! Das ist Astrid in ihrem neuen Mantel!"

Meine Freundinnen haben ja vorher gar nicht mitgekriegt, was ich mit Attila besprochen hatte. Sie sehen von ihren eigenen

Modellen auf und beginnen lautstark zu schwärmen. „Nein, wie toll!" „Meine Güte, du siehst super aus da drin." Usw. Verdammt. Mit so vielen Ovationen hatte ich nicht gerechnet. Ich komme ins Wanken. Ich sehe ein Preisschild am Ärmel. Einen Blick kann man ja riskieren. „1.000 €" steht da. (2003 bitte!) Sofort bin ich wieder auf dem Boden der Tatsachen. Das ist ein völlig unmöglicher Preis. Undenkbar.

Während ich über den Preis sinniere, kümmert sich Attila um meine Freundinnen. Ich stehe da in dem Mantel und in meinem Gehirn rattert es. Attila kommt zurück. „Toll, nicht wahr!", lacht er. „Deine Freundinnen sind ganz begeistert von dir." Schön. Toll. Ich kann ihn mir trotzdem nicht leisten. „Ich kann ihn nicht kaufen. Der ist viel zu teuer im Moment", sage ich kleinlaut. Attila ist wieder erstaunt. „Ja", sagt er, „das hast du vorhin schon gesagt. Du kaufst nichts. Das ist schon o.k.! Ich wollte ihn dir nur zeigen, weil du gesagt hast, dass er dir gefällt." Sagt es, zieht mir den Mantel aus und wirft ihn achtlos in eine Ecke. Der arme Mantel! Mein Herz beginnt zu bluten. In der Zwischenzeit ist auch der Kaffee eingetroffen und ich nehme einen Schluck.

Im Plauderton erzählt Attila: „Ach ja, wir haben natürlich auch sehr viel günstigere Mäntel, die sind auch schön." Klar, denke ich, er muss es probieren. Was heißt schon günstiger, selbst wenn er nur die Hälfte kostet, ist mir das zu viel. Attila verschwindet wieder zu meinen Freundinnen und kommt dann mit einem schwarzen Etwas zurück. „Sieh mal", fordert er mich auf und zerrt mich wieder vor den Spiegel. „Der ist auch schön", setzt er hinzu und zieht mir einen schwarzen, zugegebenermaßen schönen, jedoch eher unscheinbaren Mantel an.

Der Mantel sieht ganz cool aus, aber etwas Besonderes ist er nicht. Ich schaue auf das Preisschild. 300 € – tatsächlich günstig – ist für mich aber trotzdem ein zu hoher Betrag. „Weißt du", beginnt Attila, „den kann ich dir für 150 € geben." Hm. 150 €, die könnte ich zur Not auftreiben. Ich denke darüber gerade noch nach, als Attila sich zu meinen Freundinnen wendet und ruft: „Hey, guckt euch den an!" Die Freundinnen heben den Kopf und schütteln ihn gleich verneinend. „Na, der ist aber nix", meint Romana. „Zieh das Ding aus, der ist ja grässlich." Also so grässlich nun auch wieder nicht. Erschwinglich jedenfalls. Aber will ich tatsächlich einen Mantel haben, den alle grässlich finden, nur weil ich das Geld aufbringen könnte?

Die Entscheidung trifft Attila. Er nimmt mir den schwarzen Mantel weg und meint lapidar: „Sie haben Recht. Der ist nichts für dich." Er wirft ihn zu meinem Prachtstück auf den Boden. Der Unterschied ist offensichtlich. „Kann ich den anderen nochmal anprobieren?", frage ich schüchtern. „Na klar", erwidert Attila, hebt den Mantel auf und hilft mir wieder hinein.

Ich stehe vor dem Spiegel und kann mich nicht sattsehen. „Wundervoll", konstatiert Attila, „einfach wundervoll! Woher kommst du eigentlich?" „Aus Wien", teile ich ihm mit, abgelenkt von meinem Spiegelbild. „Ah! Aus Wien! Da wohnt ein Cousin von mir!" (Wundern Sie sich nicht – die türkischen Top-Verkäufer haben Cousins in jeder Metropole auf der Welt, zumindest behaupten sie das. Sie kennen aber auch jede beliebige Einkaufstraße in jedem größeren Kaff auf der ganzen Welt.)

Er kommt ein Stück näher und flüstert mir ins Ohr: „Stell dir vor, du gehst die Mariahilfer Straße hinunter in deinem Mantel.

Die Leute drehen sich nach dir um und sagen: Wow, wo hat die diesen tollen Mantel her, die sieht ja toll aus!" Hilfe!!!! Ich will das Teil haben!! Ich sehe mich tatsächlich die Mariahilfer Straße hinuntergehen und neidische Blicke auf mich ziehen. „Können wir über den Preis reden?", stammle ich. Entsetzt schaut mich Attila an. „Nein", sagt er, sehr zu meiner Enttäuschung, „du hast gesagt, du willst nichts kaufen. Das respektiere ich. Verhandeln kann ich nur, wenn du etwas kaufen willst." Damit lässt mich Attila allein und verschwindet, um meine Freundinnen zu beraten. Das ist Folter! Ich könnte heulen.

Im Spiegel sehe ich, wie Romana immer wieder zu mir herüberschaut und mir mit „Daumen hoch" zu verstehen gibt, wie toll ich aussehe. Das macht es nicht leichter für mich. Ich muss mich von dem Mantel verabschieden. Romana kommt zu mir und sagt: „Ich kann dir Geld borgen, wenn du ihn haben willst, du kannst es mir später zurückgeben." Nein, bitte nicht das auch noch! Quält mich doch nicht so! „Das kann ich nicht annehmen", gebe ich Romana zurück, „er kostet 1.000 €, selbst wenn er ihn mir für 750 € gibt, ist das zu viel." Romana zuckt die Schultern. Gerade in dem Moment erscheint Attila, der offenbar das Gespräch gehört hat. „Ich gebe ihn dir für 600 €", erwähnt er nebenbei, während er den schwarzen Dings aufhebt und weghängt. Wie war das?

Romana inspiziert den Mantel: „Also das ist er jedenfalls wert!" Louise kommt dazu, bepackt mit ungefähr 27 Jacken und Mänteln aller Variationen, wirft einen Blick auf das Stück und bemerkt mit Expertenmiene: „Das ischt sogar günschtig für die Qualität." Großartig. Und was bitte soll ich jetzt machen? „Wie gesagt", erklärt Romana noch einmal, „ich borge es dir gerne, wirklich. Der Mantel ist eine Sensation." „Aber was wird Heinz ...", entgegne ich und werde sofort von Romana unterbrochen. „Vergiss Heinz. Willst du ihn oder willst du ihn nicht?" Was für eine Frage! Attila schwirrt wieder herbei, sieht Louise mit dem Großeinkauf und meinen leidenden Blick.

Da scheint es, als hätte er gerade die ultimative Idee. „Louise, willst du das alles kaufen?", fragt er die Boutiquebesitzerin. „Ja", erklärt sie, „das ischt alles für meinen Laden. Da müssen wir jetzt einen Preis machen." „Ah so", scheint Attila zu überlegen, „na ja, dann könnten wir doch Astrids Mantel da mit hineinrechnen, dann könnte sie von deinem Mengenrabatt Gebrauch machen." Ja! Bitte! Mengenrabatt! Mein Herz hüpft. Louise nickt. „Das ischt schon in Ordnung. Machen wir das so."

Nach etlichem Hin und Her auf dem bequemen Sofa mit noch drei Tassen Tee und Kaffee kommen wir endlich zu meinem Mantel. Mir ist klar, dass ich jetzt keinen Rückzieher machen kann. Ich habe mich aber schon damit abgefunden, dass ich Romana das Geld irgendwie abstottern werde. Attila wendet sich mir zu. Ich, des Verhandelns noch nicht wirklich mächtig, bekomme gleich einen Schlaganfall, weil mein Herz wie verrückt schlägt. Attila lächelt milde. „600 € für den Mantel, hab ich vorhin gesagt. Das ist ein super Preis, wie du gehört hast." Ich nicke und bekomme kaum Luft. „Was ist mit dem Mengenrabatt?", frage ich zögerlich. Gleich muss ich mich übergeben vor Aufregung und den Kaffees.

„Ach ja, der Mengenrabatt", schmunzelt Attila. „Na, was ist dir der Mantel denn wert? Was würdest du gerne bezahlen?" Meine Stunde hat geschlagen. Bevor ich noch etwas sagen kann, schiebt Attila mir ein Blatt Papier und einen Stift über den Tisch. „Schreibe es auf", meint er, „damit es keine Missverständnisse gibt." Dass dies ein Ritual ist, weiß ich zu dem Zeitpunkt noch nicht. Ich male mit zittrigen Fingern „200 €" auf den Zettel. Attila zieht das Blatt zu sich hinüber und lacht schallend. Er zählt mehrere Gründe auf, warum dieser Betrag für ihn lächerlich ist. Er tut, also würde er heftig überlegen. „Na gut", seufzt er dann, „weil Louise so viel gekauft hat, biete ich dir Folgendes an." Er schreibt eine Zahl auf das Papier und zeigt es mir. „500 €" steht da. Was soll ich jetzt tun? Das ist wirklich ein toller Preis.

Ich entscheide mich, zu hasardieren. Ich schüttele den Kopf und schreibe meinerseits wieder eine Zahl hin. 250 €. Schweigend schüttelt er ebenfalls den Kopf. „Warte einen Moment", bittet er mich, „ich muss kurz mit meinem Chef reden." Was soll das jetzt werden? Hilfe! Was ist mit meinem Mantel? Ich sehe Attila mit einem anderen Mann sprechen, der den Kopf hin und her wiegt und schließlich nickt. Attila kommt zurück. „Weißt du, es ist ein ganz neues Modell, das wird es nur in Mailand geben. Deshalb musste ich jetzt den Chef fragen, ob ich noch weiter mit dem Preis runtergehen darf. Aber ihr habt so viel gekauft, Romana auch, da will ich dir entgegenkommen", klärt er mich auf. Na, dann los! Komm mir entgegen! Er schreibt wieder – 450 €. Bist du deppert! Ich freue mich wie eine Schneekönigin. Langsam finde ich Gefallen an dem Spiel und ich werde mutiger. Es geht noch eine Weile hin und her, bis wir uns schließlich bei 300 € einigen. Jippieh! Der Mantel ist mein! Ich könnte weinen vor lauter Glück. Noch nie habe ich so gern so viel Geld ausgegeben.

Ich konnte es dann doch selbst bezahlen. Als wir zurück ins Hotel kamen, zeigte ich den Mantel sofort meinem Mann, in der Annahme, er würde ausflippen wegen des Preises und meiner ungeplanten Ausgabe. Aber nein! Er fand das Stück absolut großartig und freute sich mit mir. Und wie sich herausstellte, haben mich die 300 € nicht wesentlich ärmer gemacht. Im Gegenteil, für mich war das ein Ansporn, anders an den Verkauf heranzugehen.

Einen Monat später erhielt ich in Wien einen Anruf mit einer seltsamen Nummer. Es war Attila. Er fragte mich, ob ich mit dem Mantel zufrieden sei.

Das war ich! Und nun, über zehn Jahre später, habe ich diesen Mantel immer noch. Niemals habe ich in Wien in einem Geschäft ein derartiges Stück gesehen. Es ist tatsächlich immer noch so, dass mir die Leute auf der Straße nachsehen, wenn ich den Mantel anhabe, weil er so außergewöhnlich ist.

Was können Sie aus dieser Geschichte für sich mitnehmen?

Wie Sie an der Länge der Story erkennen können, hat die beschriebene Situation mehrere Stunden in Anspruch genommen. Nun, Sie müssen jetzt nicht jedes Mal, wenn Sie etwas bzw. sich selbst verkaufen, Stunden investieren. Das ist in unseren Breiten nicht so üblich. Etwas mehr Zeit könnten Sie jedoch schon für einen Verkaufsprozess aufwenden. Es zahlt sich auf jeden Fall aus, alle Sinne in das Geschehen einzubeziehen. Das kann ich Ihnen nur ans Herz legen.

Über die Sinne haben wir schon an anderer Stelle dieses Buches sinniert. Ihr Einsatz ist extrem wichtig, wenn man einen Vorgang in ein Erlebnis verwandeln will. Selbst wenn der Kunde dann nicht kauft oder Sie nicht zum Ziel kommen, werden Sie mit Ihrer Präsentation im Gedächtnis bleiben und vielleicht zu einem späteren Zeitpunkt zum Zug kommen.

Schauen wir uns Attilas Vorgehen einmal genauer an:

Zu Beginn setzte er uns erheblichen Sinnesreizen aus. Die olfaktorischen und die gustatorischen Wahrnehmungsanteile wurden durch das Aufwarten von traditionellen Erfrischungen stimuliert. In weiterer Folge gab er uns unterschiedliche Lederqualitäten in die Hand, damit wir sie fühlen konnten. Damit wurde unsere haptische und kinästhetische Wahrnehmung bedient. Gleichzeitig hörten wir ihm zu, was er zur Produktion zu erzählen hatte. Die Modenschau selbst war dann zusätzlich noch ein Blitzgewitter an Sinnesreizen, vor allem visueller und auditiver Natur.

Dermaßen angeregt, kam die nächste Reizüberflutung durch das Ansichtigwerden des Verkaufsraumes. Dazwischen baute er weitere olfaktorische und gustatorische Elemente ein. Es war keine Minute langweilig, weil die Sinne dauernd gefordert waren.

Ganz hervorragend finde ich aus heutiger Sicht Attilas Aktion, mich von der Gruppe zu trennen, um mich einem etwaigen negativen Einfluss, was eine Kaufentscheidung angeht, zu entziehen.

Dann präsentierte er mir ein Zielbild, nämlich wie ich in meinem Wunschmantel aussehen könnte. Das Feedback meiner Freundinnen nahm mir gleichzeitig den Verdacht, dass er solches Lob ohnehin jedes Mal und bei jedem Kunden abgeben könnte. Er sprach also die Wahrheit. Damit gewann er mein Vertrauen.

Ich hatte jetzt also schon eine Referenzerfahrung, wie es mir ergehen könnte, wenn ich den Mantel kaufe. Doch indem er ihn dann so lieblos behandelte und ihn mir quasi wegnahm, wurde mein Wunsch, den Mantel zu besitzen, immer stärker.

Äußerst genial. Nehmen Sie einem Kind das Spielzeug weg oder verbieten Sie ihm, etwas zu tun. Sofort wird es das Spielzeug haben wollen oder sich genau für das Verbotene interessieren. Eine ganz einfache, aber umso wirksamere Taktik.

Gleichzeitig verstärkte Attila jedoch das gute Gefühl, welches ich in dem schönen Teil hatte, indem er mit dem schwarzen Stück einen Vergleich schaffte. Auch hier gab es wieder Feedback von außen, um ihn selbst wiederum glaubwürdig erscheinen zu lassen.

Auch das scheinbare Respektieren meines Wunsches, nichts kaufen zu müssen, verstärkte seine Glaubwürdigkeit, sodass ich den Eindruck gewinnen konnte, meine Entscheidung zum Kauf sei ausschließlich auf meine Gedankengänge zurückzuführen.

Zu keiner Zeit ließ mich Attila in einem schlechten Gefühl. In keiner Sekunde machte ich mir darüber Gedanken, ob er mich womöglich über den Tisch ziehen wollte. Ich kam mir betreut vor, wie eine Prinzessin, als wäre ich die einzige Kundin im Geschäft. Und das, obwohl Louise ja wesentlich mehr einkaufte. Nur war sich Louise ja schon sicher, dass und was sie kaufen wollte. Das war offenbar für Attila ein zu leichtes Spiel, deshalb konzentrierte er sich auf mich, die von vornherein angegeben hatte, ein Kauf käme nicht in Frage.

Die Preisverhandlung selbst ist ein leicht lernbares Ritual. In den Jahren danach machten mein Mann und ich noch öfter in der Türkei Urlaub. Jedes Mal wurde ich beim Shoppen zum Verhandeln vorgeschickt. Mitteleuropäer, die dieses Spiel nicht kennen, empfinden es häufig als peinlich, um den Preis zu feilschen. Tatsächlich ist es jedoch so, dass es in den Kulturen, die dieses Ritual pflegen, als respektlos erachtet wird, wenn man nicht versucht zu verhandeln. Aus diesem Grund werden Touristen, die damit nicht vertraut sind, gerne über den Tisch gezogen. Über deutsche und teilweise auch österreichische oder russische Touristen wird oft gelächelt, weil sie, ohne mit der Wimper zu zucken, einen völlig überhöhten Preis bezahlen, ohne zu handeln. Diese Reisenden werden als arrogant, dämlich und respektlos erachtet. Entsprechend werden sie ausgenommen.

Treten Sie aber nur in eine Preisverhandlung ein, wenn Sie den Wunsch haben, tatsächlich zu kaufen. Nur zum Spaß zu handeln, um zu sehen, wie weit der Verkäufer nachlässt, ist unhöflich und ebenfalls respektlos. Sie können davon ausgehen, dass Sie – zumindest in den großen Touristengebieten der Türkei – über den Daumen gepeilt mindestens 50 % bis zu einem Drittel des Preises erhandeln können. Lassen Sie jedoch bitte die Kirche im Dorf. Eine völlig überzogene Preisvorstellung Ihrerseits führt nur zur Verärgerung des Verkäufers. Wäre ich bei meinem Eröffnungsangebot von 200 € für den Mantel geblieben, hätte der Verkäufer vermutlich verärgert abgebrochen. Mein Offert hätte auch eine Abwertung seiner Ware bedeutet.

Wenn Sie herausfinden wollen, ob der Anbieter noch etwas im Preis nachlassen wird, können Sie ein letztes Mittel einsetzen: Stehen Sie resigniert auf (Rapportbruch) und sagen Sie ihm, dass das leider Ihr letztes Wort war und es offenbar keine Lösung gibt. Dann müssen Sie Anstalten machen, zu gehen. Läuft Ihnen der Verkäufer hinterher und bittet Sie um eine letzte Verhandlungsrunde, sollten Sie der Aufforderung nachkommen. Ist sein Preis dann nicht mehr allzu sehr von Ihren Vorstellungen entfernt, sollten Sie einschlagen und ihn gewinnen lassen. Versuchen Sie nicht, auf Biegen und Brechen Ihren Willen durchzusetzen. Sind Sie noch meilenweit von einer Einigung entfernt, brauchen Sie diese Runde auch nicht mitzumachen. Dann gehen Sie aus dem Geschäft. Niemand wird Ihnen böse sein.

Für alltägliche Verhandlungs- bzw. Verkaufssituationen jeglicher Art, also auch Bewerbungsgespräche, Präsentationen usw., können wir Folgendes ableiten:

Erster Schritt:
Nehmen Sie Rapport auf und beobachten Sie Ihr Gegenüber genau. Jede Veränderung in seiner Stimmlage, seinem Gesichtsausdruck oder der Körperhaltung ist ein Hinweis darauf, dass sich etwas an seiner Befindlichkeit verändert hat. Das kann positiv oder negativ sein. Sie werden erkennen, welcher Art die Veränderung ist.

Zweiter Schritt:
Versuchen Sie, so viele Sinne wie möglich in das Gespräch einzubinden. In unseren Breiten ist es nicht immer möglich, Kaffee, Tee oder Ähnliches anzubieten, schon gar nicht, wenn Sie

als Anbieter zum Kunden gehen müssen. Es ist jedoch schon ein Wettbewerbsvorteil, wenn man etwas zum Anfassen dabei hat. Das kann ein Prospekt sein, ein kleines Give-Away (also ein kleines Werbegeschenk, ein Andenken) oder auch nur eine Visitenkarte, die Sie förmlich übergeben.

Dritter Schritt:
Erzeugen Sie in Ihrem Gegenüber ein gutes Gefühl. Zeigen Sie ihm auf, was er davon hat, wenn er Sie einstellt oder Ihr Produkt, Ihre Dienstleistung kauft. Malen Sie ihm ein möglichst detailliertes Zielbild.

Vierter Schritt:
Wenn es um das Geld geht, sei es nun das Gehalt oder der Preis Ihrer Leistung/Ihres Produkts, sprechen Sie die Summe nach Möglichkeit nicht aus, sondern schreiben Sie diese auf einen Zettel. Sie können die Summe auch in einen Taschenrechner tippen. Zeigen Sie Ihrem Gegenüber schweigend den Betrag. Damit verhindern Sie, dass der Gesprächspartner Ihr Gesicht bzw. Ihre Person mit einem negativen Gefühl, das die Zahl eventuell in ihm auslöst, in Verbindung bringt. Diese Vorgehensweise hat sich bei mir derart bewährt, dass ich sie seither immer anwende. Vielleicht ist dies aber auch nur meine persönliche Art, Preise zu vermitteln. Probieren Sie es einfach aus und sehen Sie, wie es Ihnen liegt

Wenn es um eine Vertragsunterschrift geht, gilt das eherne Gesetz: In dem Moment, wo Ihr Gegenpart die Unterschrift leisten soll, Klappe halten! Wer zuerst spricht, verliert! Dadurch würde der Unterschreibende nämlich vom Schreiben abgelenkt, was ihm wieder Zeit gibt, noch einmal alles zu überdenken.

Fünfter Schritt:
Schauen Sie jedes Mal, wenn Sie das Gefühl haben, dass die Situation Ihnen entgleitet, von Neuem genau hin. Was können Sie anders machen, damit sich die Situation besser auflöst? Egal, was Ihnen einfällt, tun Sie etwas anderes als beim letzten Mal.

Schlusswort

Liebe Leser und Leserinnen!

Wir sind fast am Ende dieses Buches angekommen und ich möchte mich bei Ihnen bedanken, dass Sie meinen Ausführungen bis hierher gefolgt sind.

Und selbst, wenn Sie dieses Schlusswort zu Beginn der Lektüre lesen, ist das kein Fehler, denn hier schließt sich der Kreis, und Kreise haben ja, wie Sie wissen, weder Anfang noch Ende.

Es hat mir sehr viel Spaß gemacht, dieses Buch endlich zu schreiben, und Sie sollten wissen, dass es aufgrund einer Aufforderung verschiedener Teilnehmer eines Businessseminares meines größten und liebsten Kunden entstanden ist. Das heißt, eigentlich hatte ich schon länger den Gedanken, meine Geschichten, die ich auch in den Trainings immer wieder gerne erzähle, einmal niederzuschreiben. Nur dachte ich nicht, dass dies jemanden interessieren könnte.

Offenbar aber doch, denn diese Teilnehmer gaben mir den Anstoß dazu, es doch zu wagen, und zwar in dem Stil, der gemeinhin auch meine Seminare prägt.

Dafür möchte ich mich bei allen, die mir dazu geraten haben, an dieser Stelle herzlich bedanken!

Nachdem das Buch beginnt wie eines meiner Trainings, möchte

ich es auch so schließen, wie ich normalerweise einen Kurs schließe.

Wenn Ihnen meine Geschichten gefallen haben, freue ich mich, dass Sie dieses Buch Ihr Eigen nennen und es auch Ihren Bekannten, Verwandten und Freunden weiterempfehlen.

Ich habe nicht allzu viele Talente, eines ist jedoch sehr ausgeprägt: Ich kann Menschen gut unterhalten und ihnen gleichzeitig etwas beibringen.

Und warum tue ich das? Was ist meine Motivation?

Ganz einfach: Ich bin - obwohl pragmatische Realistin - ebenso eine Idealistin, und tief in meinem Herzen glaube ich fest an den Weltfrieden. Das bedeutet für mich jedoch nicht, dass die ganze Welt sich plötzlich versteht und alle Kriege beendet sind, wie es offenbar in „Star Trek - The Next Generation" bereits der Fall ist. Das ist meiner Meinung nach tatsächlich Science-Fiction.

Ich bin der festen Überzeugung, dass der Weltfrieden bei und in uns selbst beginnt und dass wir ein Stück Weltfrieden für uns selbst schaffen können, indem wir die Dinge, die in diesem Buch stehen, einfach umsetzen und damit die eigene kleine Welt ein bisschen besser machen.

Um dies zu veranschaulichen, möchte ich Ihnen zum Abschluss eine Metapher erzählen, die verdeutlichen soll, warum ich tue, was ich tue.

Es war einmal ein junger Mann, der in Griechenland Urlaub

machte. Eines Abends kam er auf die Idee, einen Strandspaziergang zu unternehmen. Der Tag war heiß gewesen und das Meer hatte eine Vielzahl an Seesternen angeschwemmt, die nun da lagen und vertrockneten.

Als der Mann so über den Strand schlenderte, fiel ihm ein alter Grieche auf, der unermüdlich immer wieder einen Seestern aufhob, den Sand abputzte und ihn dann vorsichtig zurück ins Wasser warf. „Spinner!", dachte der junge Mann und ging kopfschüttelnd weiter.

Am nächsten Abend sah er den Alten jedoch wieder damit beschäftigt, Seesterne aufzuheben, sie abzuputzen und ins Meer zurückzuwerfen. Nun war der junge Mann daran interessiert, zu erfahren, was das werden sollte. Er ging zu dem Griechen und fragte ihn auf Englisch: „Was tun Sie da?" Der alte Grieche antwortete: „Das sehen Sie doch, ich werfe sie zurück ins Meer!" Der junge Mann wunderte sich nicht schlecht über die scheinbare Dummheit des Alten und gab zurück: „Aber das hat doch gar keinen Sinn. Die sind ja alle tot!"

„Nein", lachte der Alte und hob einen weiteren Seestern auf, „sie leben!" Und er legte dem jungen Mann den Seestern in die Hand. „Spüren Sie doch mal!", forderte er ihn auf. „Er lebt!" Tatsächlich. Der Junge spürte in seiner Hand leichte Bewegungen, aber irgendwie war das für ihn unheimlich. Er gab dem Alten den Seestern zurück und ging rasch weg. Er war sehr verwirrt.

Den Abend darauf ging er wieder zum Strand hinunter. Der Alte war wieder da und machte dasselbe wie die Abende zuvor. Der junge Mann ging zu ihm hin und räumte ein: „O.k., ich gebe zu, der Seestern lebt." Der Grieche nickte, hob wieder einen auf und warf ihn zurück ins Meer. „Trotzdem", fuhr der Junge fort, „es ist doch sinnlos! Da sind so viele! Das macht doch gar keinen Unterschied!"

Bedächtig hob der alte Mann den nächsten Seestern auf, putzte ihn sorgfältig ab, und während er ihn zurück ins Wasser warf, sagte er einen Satz, den der junge Mann nie wieder vergessen sollte: „Für den einen macht es einen Unterschied."

Dieses Buch kann einem gefallen oder nicht.

Doch wenn es zumindest für einen von Ihnen einen Unterschied im weiteren Leben macht, dann habe ich meine Aufgabe erfüllt und schon gewonnen.

Denn zumindest für diesen einen ist es geschrieben worden.

Alles Gute!
Ihre Astrid Haltmeyer

Literaturverzeichnis

Eric Berne: „Spiele der Erwachsenen: Psychologie der menschlichen Beziehungen", 2002
ISBN-13: 978-3-4996-1350-0

Thomas A. Harris: „Ich bin ok. – Du bist ok.: Wie wir uns selbst besser verstehen und unsere Einstellung zu anderen verändern können. Eine Einführung in die Transaktionsanalyse", 1975
ISBN-13: 978-3-4991-6916-8

Romilla Ready/Kate Burton: NLP Grundlagen für Dummies, 2009
ISBN-13: 978-3-5277-0456-9

Don Beck/Christopher Cowen: „Spiral Dynamics – Leadership, Werte, Wandel: Eine Landkarte für das Business, Politik und Gesellschaft im 21. Jahrhundert", 2007
ISBN-13: 978-3-8990-1107-4

Fritz Riemann: „Grundformen der Angst.", 2013
ISBN-13: 978-3-4970-2422-3